Dieta Vegetariana

do Regency House Spa

John B. Nowakowski
chef executivo

Dieta Vegetariana
do Regency House Spa

Tradução
Clara Fernandes
Consultoria técnica
Ana Beatriz V. Pinheiro e Marta Moeckel
(nutricionistas)

CIP-BRASIL. CATALOGAÇÃO-NA-FONTE
SINDICATO NACIONAL DOS EDITORES DE LIVROS, RJ

N86d

Nowakowski, John B.
Dieta vegetariana do Regency House Spa / [criado e apresentado pelo chef] John B. Nowakowski; tradução de Clara Fernandes. – Rio de Janeiro: Nova Era, 2008.

Tradução de: Vegetarian magic at the Regency House Spa
ISBN 978-85-7701-166-7

1. Culinária vegetariana. 2. Regency House Spa. II. Título.

08-0269.

CDD: 641.5636
CDU: 641.56

Título original
Vegetarian Magic At The Regency House Spa
Copyright da tradução © 2006 by EDITORA BEST SELLER LTDA
Copyright © 2000 by John Nowakowski
Publicado mediante acordo com EDITORA BEST SELLER LTDA
Publicado originalmente no Canadá por Book Publishing Company
P.O. Box 99, Summertown, TN 38483
www.bookpubco.com

Capa: Avatar Design
Diagramação: ô de casa

Todos os direitos reservados. Proibida a reprodução, no todo ou em parte, sem autorização prévia por escrito da editora, sejam quais forem os meios empregados, com exceção das resenhas literárias, que podem reproduzir algumas passagens do livro, desde que citada a fonte.

Direitos exclusivos de publicação em língua portuguesa para o Brasil
adquiridos pela EDITORA NOVA ERA um selo da EDITORA BEST SELLER LTDA.
Rua Argentina 171 – Rio de Janeiro, RJ – 20921-380 – Tel.: 2585-2000
que se reserva a propriedade literária desta tradução

Impresso no Brasil
ISBN 978-85-7701-166-7

PEDIDOS PELO REEMBOLSO POSTAL
Caixa Postal 23.052
Rio de Janeiro, RJ – 20922-970

Sumário

Dedicatória	7
Prefácio	9
Introdução	11
A combinação de alimentos simplificada	13
A pirâmide vegetariana	15
Um guia para "compras inteligentes"	17
Dicas de culinária	19
Antepastos	23
Saladas	33
Molhos para Salada	55
Molhos	73
Sopas	89
Pães e Sanduíches	115
Pratos Principais	129
Massas	131
Tofu	149
Arroz	171

Pratos Típicos e Variados	181
Pratos de Batata	215
Hortaliças	233
Sobremesas	251
Dieta Líquida	279
Exemplos de Cardápios	289
Glossário	293
Índice Remissivo	301
Sobre o Autor	307

Dedicatória

A meus pais, Ann e John A. Nowakowski. Sem seu amor, apoio e orientação, eu não seria capaz de tantas realizações gratificantes em minha vida. Ao pequeno John Christopher, que me completou.

Em memória de Dale Jean Peckham, meu querido amigo e talismã. Sentimos muita falta de você.

Meus agradecimentos especiais a todos os maravilhosos hóspedes do Regency House Spa. Seus pedidos de nossas receitas e sua apreciação genuína do que conseguimos no spa foram um fator motivador constante na criação deste livro.

A toda a equipe da Book Publishing Company, pelo compromisso com a excelência, especialmente a Bob Holzapfel, por acreditar neste projeto e na missão de promover boa saúde. A Cynthia Holzapfel, Michael Cook e Warren Jefferson, por seu trabalho árduo na edição deste livro.

A Nick Dejnega. Sem seu apoio, este trabalho nunca teria sido possível.

Agradeço especialmente ao dr. Frank Sabatino. Seu apoio entusiástico, orientação e instrução me permitiram elevar o nível desta cozinha.

A Vinnie Chiarelli. Sem sua experiência em fotografia, este projeto não teria sido viável.

A Dan Folleso, estilista culinário, cuja atenção aos detalhes é incomparável.

A Ilse Gotsch e Rita Ringler, por sua paixão pela perfeição na leitura das provas.

A Julio Dilorio, meu analista de sabor de receitas, confidente, publicitário e designer extraordinário. Realmente sentimos muito a sua falta.

A meus *sous-chefs* Lance Cohen, Andrew Stanchak e Andriana Lucoiu, por sua dedicação infinita à causa. Sou grato por "tornarem-na divertida".

Aos chefs Ken Hubscher e Debbie Fisher, pela contribuição de receitas deliciosas que complementaram este esforço.

E, finalmente, à minha equipe de cozinha, que suportou todas as mudanças necessárias para criar esta estimulante "Cozinha Vegetariana *gourmet*" no spa.

John B. Nowakowski

Prefácio

A nutrição inadequada desempenha um papel importante na incidência de doenças crônicas (cardiopatias, artrite, diabetes, câncer) que afligem nossa sociedade. Há pessoas viciadas em sal, açúcar refinado, gordura saturada e produtos de origem animal carregados de doenças. No último século, as tendências alimentares nos Estados Unidos aumentaram a quantidade desses produtos nutricionalmente negativos em nossa dieta, com conseqüências devastadoras para a saúde. O impulso de reduzir tais excessos e adotar uma abordagem vegan/vegetariana (eliminação de todos os laticínios e produtos de origem animal) é oportuno e essencial. A redução drástica e/ou eliminação de proteínas animais, gorduras e carboidratos refinados, bem como o aumento simultâneo do consumo de carboidratos complexos, proteínas de origem vegetal, frutas e vegetais, proporcionam benefícios comprovados pelas melhores informações clínicas e científicas disponíveis.

Contudo, nossa imaginação e nossas escolhas são limitadas pelos modos como fomos condicionados a agir. Até mesmo nosso paladar e apreciação dos alimentos naturais e saudáveis foram prejudicados e alterados pelos alimentos refinados e processados a que nos acostumamos. Por isso, com freqüência, qualquer abordagem nova provoca sentimentos de ameaça e inquietação. Porém, com um pouco de paciência e senso de aventura, novas possibilidades nutricionais podem surgir e mudar sua vida.

No Regency House Spa, a nutrição vegan é o esteio de nossa abordagem dos cuidados com a saúde. Como médico sanitarista, tenho a sorte de trabalhar com uma cozinha sob a direção do chef John Nowakowski. Sua ampla experiência na preparação de alimentos inclui a mais inovadora abordagem vegan que já experimentei em 20 anos de prática nutricional em centros de saúde vegetarianos. Uma nutrição vegetariana estimulante envolve muita energia no paladar, nas cores, nos cheiros e na apresentação. O chef John levará você em uma aventura culinária usando a generosidade da natureza como uma palheta para pintar exibições artísticas que excitam o paladar, os olhos e o nariz, assim como nutrem o corpo.

Em virtude de nosso vício em sal, açúcar e gordura, quem muda para a cozinha vegetariana de baixa gordura freqüentemente se queixa da leveza das receitas vegan saudáveis. O chef John resolveu esse dilema combinando de maneira magistral o uso de alimentos vegetarianos integrais com o requinte de ervas e temperos nobres. Suas receitas entretêm e encantam o vegetariano principiante e o de longa data, fazendo da transição para uma nutrição melhor uma aventura emocionante e fácil. Suas receitas são testadas pelo tempo, representando muitas horas de amor e prática com milhares de hóspedes do spa, e ficarão ótimas no ambiente doméstico de sua cozinha.

A boa nutrição não significa privação ou necessariamente comer menos. Tem a ver com comer bem. Portanto, aproveite esta excelente oportunidade de partilhar o amor e a paixão do chef John pela preparação de alimentos, e deixe que isso o leve para o mundo estimulante da cozinha vegan/vegetariana. A vitalidade e o prazer serão totalmente seus. *Bon appetit.*

Dr. Frank Sabatino
Diretor de saúde – Regency House Natural Health Spa

Introdução

Todos querem saber o que me motivou a aceitar o desafio de escrever um livro de receitas vegan. A cozinha vegan é um estilo de vida atual que proporcionará a nós e a nossos filhos um futuro mais saudável e feliz. Depois de passar os últimos 15 anos como chef executivo no mundo repleto de pressões dos hotéis e resorts, senti que uma mudança alimentar e de estilo de vida era necessária para que eu tivesse uma vida mais saudável.

Hoje em dia há muitos livros maravilhosos de receitas vegetarianas. Tem-se a impressão de que é publicado um livro novo a cada mês, e isso ocorre por um bom motivo. As pesquisas mostram que, nos últimos dez anos, mais de 12 milhões de americanos adotaram alguma forma de estilo de vida vegetariano. Com isso, surgiu uma demanda crescente por mais informações sobre esse estilo de vida.

Agora é possível encontrar nos supermercados produtos orgânicos e leite de soja. Este é o momento certo para fazer uma mudança saudável sem precisar procurar muito pelos produtos.

O objetivo principal deste livro é ajudá-lo a fazer a transição para um estilo de alimentação mais nutritivo e, ainda assim, elegante, com técnicas simples e fáceis de usar! Quem já experimentou a arte da cozinha vegetariana pode descobrir que as receitas apresentadas neste livro proporcionam novos modos de explorar essa culinária saborosa.

Para ajudá-lo a planejar bem suas refeições, apresentamos no final do livro exemplos de cardápios de jantar para quatro semanas e um cardápio básico de almoço. Sinta-se à vontade para incluir outros favoritos em seus planos de refeições. Os exemplos de cardápios são semelhantes aos de nossos programas semanais no spa. Aqueles de vocês que visitaram o spa devem se sentir seguros por já terem experimentado o sucesso desses pratos.

Às vezes é um desafio criar pratos vegetarianos apetitosos e interessantes para crianças que não estão acostumadas a consumi-los. No índice remissivo há um asterisco ao lado das receitas preferidas pelos pequenos.

Espero que minha paixão pelos alimentos e pelo prazer em comer bem possa ajudá-lo a atingir o nível de saúde e felicidade que todos almejam ter.

A combinação de alimentos simplificada

Quando você visita pela primeira vez o Regency House Health Spa, pode ter um choque inicial. Recomendamos algumas regras e combinações de alimentos que reestruturam seus hábitos alimentares. O bom dessa situação é que, com esse choque, vem um recém-descoberto conhecimento de como deveríamos estar tratando nosso corpo!

Não levará muito tempo para você entender os conceitos básicos de nossa culinária. Depois disso você se tornará mais consciente do tempo certo para a digestão adequada e será capaz de fazer escolhas mais nutritivas ao planejar suas refeições.

Para sua conveniência e paz de espírito, ao tomar decisões na hora das refeições, relacionamos regras simples a seguir:

1. Evite beber, inclusive água, 15 a 30 minutos antes e depois das refeições, para ter uma boa digestão.

2. Ao comer melões, não os combine com outras frutas ou hortaliças. Os melões são digeridos com muita rapidez, geralmente em cerca de trinta minutos, e não queremos interferir nesse processo digestivo. Nesse grupo estão incluídos o cantalupo, o melão doce, a melancia, o cassava e o crenshaw.

3. O mesmo vale para as outras frutas. Coma a fruta sozinha. Não a ingira com nenhum membro do grupo dos melões.

4. Vegetais como a alface-romana, o aipo e o pepino combinam muito bem com as frutas e ajudam a atenuar possíveis reações instáveis ao teor de açúcar da fruta.

5. Consuma proteínas e carboidratos separadamente, combinando-os com saladas e hortaliças. Essa regra se torna mais importante quando você consome proteína animal. Se, por exemplo, comer um pedaço de peixe, não o consuma com arroz ou batatas. Coma-o com saladas e hortaliças cozidas. As proteínas animais aumentam o índice de açúcar dos carboidratos com os quais são ingeridas, o que dificulta o emagrecimento.

6. Não recomendamos café comum ou descafeinado de qualquer tipo. O café tira os minerais do corpo e geralmente é borrifado com pesticidas. Há ótimos substitutos feitos de folhas de chicória torradas, que fornecem um aroma semelhante, sem os efeitos da cafeína.

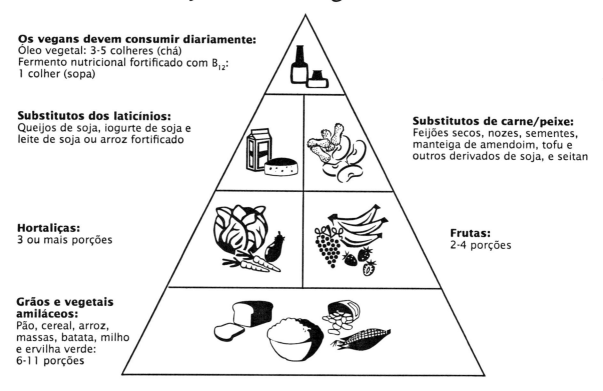

Boa saúde: a pirâmide vegetariana recomenda 3 ou mais porções por dia de vegetais. Uma porção equivale a ½ xícara de vegetais cozidos ou crus picados ou 1 xícara de hortaliças folhosas cruas.

Pirâmide alimentar vegetariana: o que é uma porção?

Grãos e vegetais amiláceos
* 6 a 11 porções por dia
1 fatia de pão (escolha pão fortificado com cálcio se você não consumir laticínios)
½ pãozinho ou bagel
1 tortilla
30g de cereal pronto para comer (os vegans escolhem cereal fortificado com B_{12}) ou ½ xícara de cereal cozido, arroz ou massa
3 a 4 biscoitos cream-cracker
3 xícaras de pipoca
½ xícara de milho
1 batata média
½ xícara de ervilhas

Substitutos de carne/peixe
* 2-3 porções diárias:
1 xícara de feijões secos, ervilhas ou lentilhas
½ xícara de nozes sem casca
¾ de colher (sopa) de manteiga de amendoim
¾ de colher (sopa) de tahini
230g de coalhada de feijão ou tofu (fonte de cálcio para quem não consome laticínios)
⅓ a ½ xícara de sementes

Frutas
* 2-4 porções diárias
1 pedaço médio que caiba na mão
½ xícara de fruta, picada, cozida ou em lata
¾ de xícara de suco de fruta

Hortaliças
* 3 ou mais porções diárias
½ xícara de hortaliças cozidas ou cruas picadas
1 xícara de hortaliças folhosas cruas
¾ de xícara de suco de hortaliças

Substitutos dos laticínios
* 2 porções diárias para adultos, 3 para pré-adolescentes, 4 para adolescentes
1 xícara de leite de soja ou de arroz com cálcio e vitamina D (se você não consumir laticínios)
45g de queijo de soja

Adicional para os vegans
3 a 5 colheres (chá) de óleo vegetal (para fornecer calorias e ácidos graxos essenciais); os vegans que não incluem os produtos fortificados sugeridos nos outros grupos alimentares podem se beneficiar com uma colher (sopa) de mosto de melaço (para fornecer ferro e cálcio) e devem consumir 2 colheres (sopa) de fermento nutricional fortificado com B_{12}, ou um suplemento vitamínico que contenha B_{12}.

Um guia para "compras inteligentes"

Hoje, nos mercados, há muitos produtos enriquecidos, de pães a massas. Esses produtos são tão saborosos quanto os alimentos que conhecemos desde sempre. Produtos não-enriquecidos com vitaminas como riboflavina, niacina ou tiamina tendem a conter mais de seu germe natural e farelo rico em fibras. Isso os torna mais nutritivos e fáceis de digerir.

As frutas e os legumes são a essência do estilo de vida vegetariano. Sugerimos que, sempre que possível, você adquira produtos orgânicos. Saber que sua família não está exposta a pesticidas lhe dará muita paz de espírito. Se você não puder obter produtos orgânicos, será ainda mais importante lavar frutas e hortaliças antes de usá-las.

Há vários modos de lavá-las:

Método 1. Encha a pia de água fria, acrescente 4 colheres (sopa) de sal marinho e o suco de um limão. Deixe as frutas e hortaliças de molho por cinco a dez minutos. Enxágüe em água fria e escorra antes de usar.

Método 2. Use 1 colher (chá) de cloro para 4L de água fria. Deixe de molho por cinco a dez minutos, escorra e enxágüe em água fria durante outros cinco a dez minutos. Se o alimento ficar cheirando a cloro, enxágüe novamente e deixe o produto exposto ao ar antes de consumi-lo.

Método 3. Para remover a cera, mergulhe a fruta em água fervente durante cinco segundos. Por medida de segurança, você pode usar pinças.

Agora que estamos bem equipados para "fazer compras inteligentes", a magia vegetariana em todos nós estará viva e vibrante!

Dicas de culinária

Cozinhe sem óleo

Como você terá a oportunidade de observar, há algumas receitas neste livro que usam caldo de legumes em vez de óleo para cozinhar hortaliças. Há um bom motivo para isso. O aquecimento do óleo (mesmo que seja o nutritivo azeite de oliva) leva à hidrogenação, o que faz com que a estrutura molecular do óleo seja reagrupada de um modo que pode, a longo prazo, ter um efeito negativo na saúde cardiovascular. A hidrogenação aumenta a quantidade de ácidos graxos trans no óleo, e é sabido que essas substâncias aumentam o LDL, ou "mau colesterol", e, portanto, o risco de doenças cardíacas. Por esse motivo, a maioria das gorduras vegetais solidificadas, como a margarina e a margarina culinária (que exigem hidrogenação para permanecer sólidas à temperatura ambiente), não é mais considerada substituta adequada para as gorduras animais.

Em geral, se desejo apenas amolecer ou cozinhar no vapor vegetais para uma receita, uso caldo de legumes ou de missô amarelo (1 colher [sopa] para uma xícara de líquido). Mesmo ao preparar o molho marinara, você não precisa usar azeite de oliva; basta pôr todos os ingredientes em uma panela para cozinhar em fogo brando durante algumas horas, ou assar. Não dá para perceber a diferença. Além disso, você evitará o acréscimo desnecessário de calorias.

Você também pode "fritar no forno", praticamente sem óleo, pratos como berinjela ao parmesão, e obter os mesmos resultados deliciosos que teria se usasse mais óleo na panela. Eu pincelo azeite de oliva, como faria com molho pesto. Quando preparo um refogado, acrescento um pouco de óleo de gergelim torrado após o cozimento. Esse óleo tem um sabor tão rico que basta uma pequena quantidade; além disso, acrescentá-lo no final impede que sofra os efeitos do calor.

Ao cozinhar feijões

Deixar os feijões de molho por uma hora ou mais ajuda a reduzir alguns de seus efeitos gasosos. Isso também os faz cozinhar e ser digeridos mais rapidamente. Os feijões ficam ainda mais saborosos quando lhes é acrescentado um pequeno pedaço de kombu, uma alga marinha rica em ferro e vitaminas do complexo B. O kombu combate a hipertensão, limpa o cólon, facilita a função renal e ajuda a evitar anemia. Pode ser encontrado em lojas de produtos orientais ou naturais, em tiras ou flocos, em embalagens práticas.

Aviso sobre pimentas picantes*

Se você é um aficionado por pimentas picantes, provavelmente não precisará ler este aviso – mas é melhor prevenir do que remediar. Para evitar queimaduras acidentais, use luvas de borracha. Depois de preparar as pimentas e limpar a faca e a tábua de cortar, lave e tire as luvas cuidadosamente. Lave bem as mãos. Enquanto estiver picando as pimentas e imediatamente depois, não toque os olhos, ouvidos ou qualquer outra área sensível do seu corpo, não importa o quanto possam coçar. É melhor coçar do que queimar – acredite em mim. (Atenção: seu corpo coça mais quando você pica pimentas picantes do que quando realiza qualquer outra atividade na vida.)

Mas voltemos ao preparo das pimentas.

---

* Há três variedades de pimenta: picante, sem ardência e doce. (*N. da R.T.*)

Se você não tiver luvas, coloque imediatamente as pimentas com os outros ingredientes da receita. Lave a faca, a tábua de cortar e as mãos, especialmente as pontas dos dedos. Na verdade, é aconselhável que se lavem as mãos mais duas ou três vezes antes de continuar. Você não se arrependerá disso. Se não tiver luvas, use sacos plásticos para cobrir as mãos.

Para obter um sabor perfeito de pimenta sem o extremo ardor, abra-a ao meio e retire as sementes com uma colher. Se você gostar da comida realmente ardida, inclua as sementes. Elas são uma fonte extra de ardor. Corte a pimenta em tiras finas segurando-a pelo cabo, e, em seguida, o descarte. Pique a pimenta apertando os olhos. Assim, se o suco espirrar em seu rosto, há menos chance de entrar em seus olhos. Se você usar óculos, não precisa apertar os olhos.

Tempero livre de sódio

Este é um excelente condimento para legumes cozidos no vapor e sopas.

2 colheres (sopa) de cebola em pó

2 colheres (sopa) de folhas de endro secas

1 colher (sopa) de orégano seco bem picado

1 colher (chá) de sementes de aipo

1 colher (chá) de alho em pó

⅛ de colher (chá) de pimenta-de-caiena

Misture e guarde em um pote para temperos.

Antepastos

Conserva de Milho e Feijão-Preto

Esta é uma salada maravilhosamente refrescante para uma refeição ao ar livre ou como acompanhamento para um prato mexicano. Se sobrar muita salada, misture-a com arroz integral para preparar um prato ao estilo do sudoeste americano.

2 xícaras de feijão-preto cozido, escorrido e temperado a gosto
1 ½ xícara de milho congelado cozido
1 pimentão vermelho picado
1 cebola vermelha pequena cortada em cubos
2 tomates maduros cortados em cubos
1 colher (sopa) de alho bem picado
1 colher (sopa) de coentro bem picado
1 pimenta jalapeño pequena, bem picada (para o manuseio, observe o aviso nas pp. 20-21)
½ colher (chá) de sal marinho (opcional)

Rendimento: 4 a 6 porções

Por porção:
calorias, 154;
proteínas, 7g;
gordura, 0g;
carboidratos, 30g;
fibras, 7g;
cálcio, 31mg;
sódio, 33mg.

1 Misture todos os ingredientes em um recipiente não-metálico.

2 Tempere a gosto e leve à geladeira antes de servir.

Homus de Feijão-Preto

Sem usar tahini, esta é uma alternativa muito saborosa e de baixa gordura para o homus tradicional. Sirva com hortaliças cruas, pão árabe e sua salada favorita, ou com tortilhas e molho mexicano.

500g de feijão-preto
1 cebola amarela
1 pimentão vermelho
2L de água destilada ou pura
2 colheres (sopa) de alho bem picado
2 colheres (chá) de cominho moído
¼ de colher (chá) de pimenta-de-caiena
2 folhas de louro
1 colher (sopa) de coentro fresco bem picado
2 colheres (sopa) de Bragg Liquid Aminos

Rendimento: 8 a 10 porções

Por porção:
calorias, 97;
proteínas, 6g;
gordura, 0g;
carboidratos, 18g;
fibras, 4g;
cálcio, 25mg;
sódio, 96mg.

1 Deixe o feijão de molho por uma a duas horas em água quente suficiente para cobri-lo. Coloque-o em um escorredor. Pique a cebola e o pimentão.

2 Ferva a água e acrescente o feijão e o restante dos ingredientes, exceto o coentro e o Bragg Liquid Aminos.

3 Cozinhe o feijão em fogo brando durante uma hora e meia ou até ficar macio.

4 Retire do fogo e deixe esfriar um pouco.

5 Bata o feijão no liquidificador ou processador de alimentos, acrescentando o suficiente do caldo do cozimento para transformá-lo em uma pasta macia.

6 Despeje o feijão em uma tigela. Acrescente o coentro e o Bragg, tempere a gosto e leve à geladeira para esfriar.

Homus de Grão-de-Bico

Este dip do Oriente Médio pode ser servido com pão árabe e salada. Para obter sabor e cor diferentes, acrescente a esta receita ⅔ de xícara de pimentões vermelhos assados. Prepare os pimentões com os outros ingredientes.

3 xícaras de grão-de-bico cozido e escorrido com o caldo reservado
½ xícara de tahini
½ xícara de suco de limão espremido na hora
1 colher (sopa) de salsa italiana bem picada
1 colher (sopa) de Bragg Liquid Aminos
2 colheres (chá) de alho bem picado
½ colher (chá) de cominho moído
1 pitada de pimenta-de-caiena

Rendimento: 1 L

Por ¼ de xícara:
calorias, 96;
proteínas, 4g;
gordura, 4g;
carboidratos, 11g;
fibras, 2g;
cálcio, 47mg;
sódio, 49mg.

1 Bata no liquidificador ou processador de alimentos todos os ingredientes com caldo reservado suficiente para formar uma mistura grossa.

2 Tempere a gosto e leve à geladeira.

Caviar de Berinjela

Este prato de berinjela assada, alho e tomates secos é um ótimo acréscimo a uma salada. Também serve como um dip saboroso e de baixa gordura para legumes crus em palitos servidos como aperitivos ou pão árabe torrado com azeitonas importadas.

2 berinjelas (cerca de 1kg)
1 colher (sopa) de azeite de oliva extravirgem
6 dentes grandes de alho descascados
½ xícara de tomates secos bem picados, lavados e escorridos
3 colheres (sopa) de purê de tomate
1 colher (sopa) de vinagre balsâmico
1 pitada de pimenta-de-caiena
1 colher (sopa) de Bragg Liquid Aminos
1 colher (sopa) de salsa italiana bem picada

Rendimento: 4 a 6 porções

Por porção:
calorias, 97;
proteínas, 2g;
gordura, 2g;
carboidratos, 16g;
fibras, 4g;
cálcio, 20mg;
sódio, 149mg.

1 Preaqueça o forno a 230ºC. Corte as berinjelas ao meio no sentido do comprimento, pincele com um pouco do azeite de oliva e ponha numa assadeira com a parte cortada para baixo.

2 Coloque os dentes de alho na mesma travessa e também os pincele com azeite de oliva.

3 Asse por quarenta a cinqüenta minutos ou até as berinjelas ficarem macias e o alho dourar. Retire o alho antes que escureça.

4 Deixe as berinjelas esfriarem e coloque-as em um escorredor. Em seguida, retire a polpa com uma colher.

5 Bata no liquidificador ou processador de alimentos todos os ingredientes.

6 Tempere a gosto e leve à geladeira até ficar bem frio.

Napoleon de Berinjela

Este antepasto frio tem uma bela apresentação e um sabor que combina com sua aparência. Nós também experimentamos acrescentar-lhe uma cobertura de cogumelos portobello grelhados. Se você quiser, sirva este prato quente. Asse-o em uma travessa refratária regado com molho marinara a uma temperatura de 200°C, durante 12 a 15 minutos. Sirva-o quente sobre pilaf de quinoa.

2 colheres (sopa) de azeite de oliva extravirgem
1 colher (sopa) de manjericão fresco picado
1 colher (chá) de alho bem picado
1 colher (chá) de Bragg Liquid Aminos
1 berinjela média sem cabo, cortada em fatias de 1,5cm
    (duas por pessoa)
1 pimentão vermelho cortado em quatro partes, sem o cabo
    e as sementes
1 cebola vermelha descascada sem o miolo e cortada em fatias
    de 0,5cm.
1 ½ xícara de vinagre balsâmico
1 tomate grande maduro
1 tomate amarelo
115g de mozarela de soja, cortada em fatias de 3mm
    (uma por pessoa)

Rendimento: 3 a 4 porções

Por porção:
calorias, 231;
proteínas, 10g;
gordura, 11g;
carboidratos, 22g;
fibras, 6g;
cálcio, 259mg;
sódio, 343mg.

1 Preaqueça o forno a 290°C.

2 Para fazer a marinada, bata no liquidificador o azeite de oliva, o manjericão, o alho e o Bragg.

3 Ponha as fatias de berinjela em uma assadeira levemente untada e pincele com a marinada. Coloque a assadeira na grade superior do forno e asse por cerca de 12 minutos, ou até as berinjelas ficarem com um tom médio de marrom. Só as asse de um lado. Retire as berinjelas e ponha na geladeira até esfriarem bem.

4 Coloque os pedaços de pimentão vermelho com a casca virada para cima em uma assadeira untada e asse na grade superior do forno por cerca de 15 minutos ou até a casca tostar.

5 Tire o pimentão do forno, coloque em um saco plástico e leve à geladeira até esfriar. Tire-o do saco e você verá que a casca sai facilmente. Corte o pimentão em tiras de cerca de 1,5cm de espessura e reserve.

6 Enquanto a berinjela e o pimentão estiverem assando, ponha a cebola vermelha fatiada e o vinagre balsâmico em uma caçarola e cozinhe em fogo médio por cerca de trinta minutos, ou até a cebola ficar macia. Tire do fogo e ponha na geladeira, sem cobrir, até esfriar. Em seguida, coloque a cebola em um escorredor e reserve. Guarde o caldo para usar como molho.

7 Corte os tomates em fatias de 1,5cm.

8 Para montar, use um prato raso de salada. Espalhe nele um punhado de seus brotos de verduras favoritos. No centro, ponha um pedaço de berinjela assada fria com a parte cozida para cima. Cubra com uma rodela de tomate vermelho, seguida de uma fatia de queijo de soja e uma rodela do tomate amarelo ou, se disponível, outra rodela de tomate vermelho. Coloque outro pedaço de berinjela em cima do tomate. Espalhe um pouco da cebola fatiada por cima e dos lados. Salpique um pouco da marinada balsâmica sobre a berinjela e guarneça com as fatias de pimentão assado e um raminho de manjericão. Sirva bem frio.

Dip de Guacamole

Não há um modo mais rápido e delicioso de preparar este favorito da culinária californiana. Descobrimos que os avocados Haas*, bem maduros, dão o melhor dip.

3 avocados Haas maduros tirados das cascas com uma colher
2 colheres (sopa) de suco de limão fresco (cerca de 1 limão)
⅔ de xícara de Salsa Mexicana (p. 80)
¼ de colher (chá) de sal (opcional)

Rendimento: cerca de 2 ½ xícaras

Por porção:
calorias, 54;
proteínas, 1g;
gordura, 4g;
carboidratos, 4g;
fibras, 2g;
cálcio, 5mg;
sódio, 81mg.

1 Em um recipiente não-metálico, amasse os avocados junto ao suco de limão

2 Acrescente a salsa e tempere a gosto.

3 Ponha os caroços dos avocados novamente no dip para manter sua cor.

4 Para preparar um guacamole ainda mais rápido e cremoso, bata no liquidificador todos os ingredientes.

---

* Espécie de abacate que pesa cerca de 300g e tem casca rugosa. (*N. da R.T.*)

Falso Fígado de Galinha Picado

Para quem se lembra desse delicioso mas um tanto calórico prato adequado para todos os dias do ano, eis uma alternativa nutritiva.

1 xícara de vagens cortadas em tiras de 2,5cm
1 colher (chá) de óleo de canola
1 cebola amarela cortada em fatias finas
2 colheres (chá) de alho bem picado
230g de cogumelos, enxaguados e cortados ao meio
⅔ de xícara de nozes picadas
1 colher (chá) de Bragg Liquid Aminos

Rendimento: cerca de 2 ½ xícaras

Por cada 2 colheres (sopa):
calorias, 34;
proteínas, 1g;
gordura, 2g;
carboidratos, 2g;
fibras, 1g;
cálcio, 8mg;
sódio, 35mg.

1 Cozinhe as vagens no vapor por 12 a 15 minutos, até ficarem bem macias, e depois as esfrie na geladeira.

2 Aqueça bem o óleo de canola em uma frigideira grande. Acrescente as cebolas e as salteie até ficarem com um tom dourado escuro. Adicione o alho e continue a cozinhar por cerca de um minuto.

3 Acrescente os cogumelos e cozinhe por cerca de cinco minutos até escurecerem. Tire do fogo e leve à geladeira para esfriar.

4 Bata todos os ingredientes no processador de alimentos ou aos poucos no liquidificador até ficarem cremosos. Tempere a gosto e sirva com pão de centeio ou com seus biscoitos favoritos.

Tomates com Mozarela de Soja ao Pesto

Este é um dos antepastos mais populares no spa. Também pode ser servido como prato principal.

1 pé de alface-romana
3 tomates grandes maduros, cortados em
    fatias de 1,5cm
1 cebola vermelha ou Vidalia* cortada em fatias finas
115g de mozarela de soja finamente fatiada
⅓ de xícara de Molho Pesto (ver p. 82)

Rendimento: até 4 porções

Por porção:
calorias, 187;
proteínas, 9g;
gordura, 11g;
carboidratos, 10g;
fibras, 3g;
cálcio, 232mg;
sódio, 281mg.

1 Retire o miolo da alface e lave as folhas. Escorra e leve à geladeira.

2 Forre um prato raso de salada com as folhas frescas da alface-romana.

3 Ponha alternadamente três fatias de tomate e três de cebola sobre a alface.

4 Cubra com duas fatias de mozarela de soja.

5 Salpique uma ou duas colheres (sopa) de molho pesto sobre a alface e sirva.

---

* Variedade de cebola doce. (*N. da R.T.*)

Saladas

Salada de Cabelo-de-Anjo ao Pomodoro

Esta salada incrível também é ótima quando servida quente.

3L de água destilada ou pura

1 caixa de 340g de macarrão cabelo-de-anjo de trigo integral
ou sêmola de trigo durum

3 tomates maduros, picados grosseiramente

1 colher (sopa) de alho bem picado

1 colher (sopa) de vinho tinto ou vinagre balsâmico

1 colher (chá) de manjericão fresco bem picado

2 colheres (sopa) de xarope de arroz integral

1 pitada de pimenta-de-caiena, ou ⅛ de colher (chá) de pimenta-do-reino

¼ de colher (chá) de sal marinho (opcional)

1 colher (sopa) de azeite de oliva extravirgem

⅔ de xícara de parmesão de soja ou arroz

1 raminho de manjericão para guarnecer

Rendimento: 4 porções

Por porção:
calorias, 263;
proteínas, 13g;
gordura, 7g;
carboidratos, 39g;
fibras, 2g;
cálcio, 16mg;
sódio, 372mg.

1 Deixe a água levantar fervura e cozinhe o cabelo-de-anjo durante quatro a seis minutos até ficar *al dente*.*

2 Ponha-o em um escorredor, enxágüe com água fria corrente e reserve.

3 Misture em uma tigela o resto dos ingredientes, exceto o parmesão de soja.

4 Ponha o cabelo-de-anjo em uma tigela grande e acrescente a mistura de tomates.

5 Misture ¾ do parmesão de soja e leve à geladeira.

6 Sirva frio, guarnecido com um raminho de manjericão e o restante do parmesão de soja.

---

* *Al dente*: macio, mas ainda com certa resistência ao ser mordido. (*N. da R.T.*)

Salada de Aspargo e Shitake

Se você está cansado das saladas mistas básicas, certamente gostará muito desta.

500g de aspargos frescos
115g de shitakes
1 cebola vermelha pequena
4 tomates-pêra
3 talos de bok choi
⅔ de xícara de Vinagrete Oriental (ver p. 64)
2 colheres (sopa) de sementes de gergelim

Rendimento: 4 porções

Por porção:
calorias, 158;
proteínas, 5g;
gordura, 3g;
carboidratos, 25g;
fibras, 6g;
cálcio, 177mg;
sódio, 373mg.

1 Retire as pontas brancas dos talos dos aspargos e corte-os em pedaços de 4cm. Remova os cabos dos shitakes e corte-os ao meio. Corte a cebola vermelha em fatias finas. Retire a parte superior dos tomates-pêra e corte-os em quatro pedaços. Retire as folhas do bok choi e corte diagonalmente seus talos em pedaços de 1,5cm de espessura.

2 Misture os aspargos, o bok choi e os cogumelos, e cozinhe-os ligeiramente em um pouco de água ou caldo de legumes por cerca de três minutos, ou até os aspargos ficarem *al dente*. Escorra e leve à geladeira para esfriarem.

3 Enquanto isso, prepare o molho vinagrete.

4 Misture o molho com as hortaliças, leve à geladeira e sirva sobre verduras frescas.

Salada de Abacate e Tomate ao Molho de Limão

Os abacates são ricos em calorias, mas também muito nutritivos. É sabido que ajudam a curar úlceras. O consumo de tomates também pode reduzir o risco de doença da próstata.

Molho de limão
½ xícara de suco de limão fresco
¼ de xícara de água destilada ou pura
¼ de xícara de azeite de oliva extravirgem
1 colher (sopa) de coentro fresco, manjericão ou orégano picado
¼ de colher (chá) de sal marinho
1 pitada de pimenta-de-caiena
2 tomates maduros ou meio litro de tomates-cereja
1 cebola vermelha ou Vidalia
2 abacates maduros
⅓ de xícara de azeitonas pretas maduras (experimente variedades diferentes de azeitonas importadas)

Rendimento: 3 a 4 porções

Por porção:
calorias, 391;
proteínas, 3g;
gordura, 70g;
carboidratos, 23g;
fibras, 6g;
cálcio, 52mg;
sódio, 263mg.

1 Bata no liquidificador todos os ingredientes do molho. Tempere a gosto.

2 Corte os tomates verticalmente ou os tomates-cereja ao meio.

3 Corte a cebola em fatias de 1,5cm.

4 Corte os abacates ao meio, tirando os caroços e depois a polpa com uma colher. Corte-os em fatias de 2cm e coloque-as em uma tigela junto às outras hortaliças.

5 Misture o molho com as hortaliças, leve à geladeira e sirva sobre verduras frescas.

Arroz Basmati com Salada de Abóbora Pescoçuda

Esta salada também pode ser servida quente como prato principal ou recheio de pimentões e abóboras.

1 abóbora pescoçuda
½ xícara de sementes de abóbora
1L de água destilada ou pura
2 xícaras de arroz integral basmati ou mistura de arroz selvagem
3 cebolinhas verdes finamente fatiadas
2 colheres (sopa) de coentro ou manjericão fresco bem picado
⅓ de xícara de azeite de oliva extravirgem
1 colher (sopa) de alho bem picado
1 pitada de pimenta-de-caiena
½ xícara de soja torrada em grão, sem sal, inteira ou cortada ao meio

Rendimento: 6 a 8 porções

Por porção:
calorias, 352;
proteínas, 10g;
gordura, 17g;
carboidratos, 40g;
fibras, 4g;
cálcio, 66mg;
sódio, 6mg.s.

1 Abra a abóbora pescoçuda no sentido do comprimento, retire as sementes com uma colher, descasque e corte em pedaços de 1,5cm. Torre ligeiramente as sementes de abóbora no forno a 200°C durante dez minutos.

2 Ferva a água, acrescente o arroz, cubra e cozinhe em fogo brando por 25 minutos ou até toda a água secar e o arroz ficar macio. Atenção para não cozinhar demais o arroz para que não se parta e fique empapado.

3 Enquanto o arroz cozinha, ferva a abóbora pescoçuda por dez a 12 minutos até ficar macia, mas não desmanchando. Leve-a à geladeira para esfriar.

4 Espalhe o arroz cozido em uma travessa, levando-a à geladeira para esfriar. (Se você estiver com pressa, como eu costumo estar, ponha o arroz e a abóbora no congelador e mexa com freqüência para que esfriem rapidamente.)

5 Bata no liquidificador o azeite de oliva, o alho e a pimenta.

6 Coloque em uma tigela grande todos os ingredientes, exceto a soja, e misture bem. Tempere a gosto e sirva quente ou frio, guarnecido com a soja torrada.

Salada de Farfalle com Tomates Secos

Em princípio, este prato foi criado com camarão grelhado, peito de frango fatiado ou vieiras à moda cajun. É muito fácil adaptá-lo à cozinha vegan simplesmente retirando os produtos de origem animal. Estou certo de que suas receitas favoritas podem ser adaptadas do mesmo modo. Sirva frio ou quente como prato principal. Guarneça com raminhos de manjericão. Experimente usar farfalle colorido.

2L de água destilada ou pura

340g de farfalle

⅔ de xícara de tomates secos

¼ de xícara de azeite extravirgem

1 colher (sopa) de vinagre balsâmico

1 colher (sopa) de folhas de manjericão frescas picadas

2 colheres (chá) de alho bem picado

¼ de colher (chá) de sal marinho, opcional

1 pitada de pimenta-de-caiena ou ⅛ de colher (chá) de pimenta-do-reino

2 tomates maduros cortados ao comprido

Rendimento: 3 a 4 porções

Por porção:
calorias, 281;
proteínas, 5g;
gordura, 14g;
carboidratos, 30g;
fibras, 2g;
cálcio, 13mg;
sódio, 166mg.

1 Ferva a água, acrescente o farfalle e cozinhe durante seis a oito minutos até ficar *al dente*, mexendo de vez em quando. Escorra, enxágüe com água fria e escorra novamente.

2 Amoleça os tomates secos em água quente e corte-os em tiras finas.

3 Bata no liquidificador o azeite de oliva, o vinagre e os temperos.

4 Despeje em uma tigela grande e misture com o farfalle e os tomates. Tempere a gosto.

Salada Caesar

Eu me orgulho muito desta versão de baixa caloria e baixo sódio da clássica salada Caesar. O vinagre balsâmico lhe confere cor e originalidade, enquanto o tofu a torna cremosa. O molho pode ser conservado na geladeira por cinco a sete dias.

2 pés de alface-romana sem o miolo (remova as áreas escuras)
2 colheres (sopa) de suco de limão fresco
2 colheres (chá) de alho bem picado
1 colher (sopa) de mostarda moída
2 colheres (sopa) de vinagre balsâmico
2 colheres (sopa) de água destilada ou pura
115g de tofu extrafirme de sabor suave cortado em cubos
2 xícaras de croutons de pão árabe (p. 118)
½ xícara de parmesão de soja ou arroz

Rendimento: 6 a 8 porções

Por porção:
calorias, 128;
proteínas, 7g;
gordura, 4g;
carboidratos, 14g;
fibras, 2g;
cálcio, 44mg;
sódio, 363mg.

1 Lave a alface e ponha na geladeira durante uma hora.

2 Bata no liquidificador o suco de limão, o alho, a mostarda, o vinagre, a água e o tofu.

3 Corte a alface e acrescente a quantidade desejada de molho. Guarneça com os croutons de pão árabe e o parmesão de soja.

Salada de Batatas Novas Cremosas

Esta deliciosa salada é feita com maionese sem ovo. O segredo de uma salada de batata cremosa é acrescentar o molho enquanto as batatas ainda estiverem quentes. Para dar um toque especial, use um pouco de tempero cajun.

1 kg de batatas vermelhas descascadas
1 cebola vermelha picada ou 3 cebolinhas verdes fatiadas
1 cenoura grande descascada e cortada em tiras
2 talos de aipo abertos ao meio no sentido do comprimento e
    em fatias bem finas
1 pimentão amarelo ou vermelho picado
1 xícara de maionese vegetariana
2 colheres (sopa) de mostarda moída
1 colher (chá) de sementes de aipo
1 pitada de pimenta-de-caiena
½ colher (chá) de sal marinho (opcional)

Rendimento: 8 porções

Por porção:
calorias, 188;
proteínas, 2g;
gordura, 7g;
carboidratos, 12g;
fibras, 3g;
cálcio, 20mg;
sódio, 324mg.

1 Corte as batatas em cubos de 2,5cm. Se forem pequenas, corte-as em quatro partes.

2 Cozinhe as batatas em uma panela grande durante 15 a 20 minutos até ficarem macias. Espete-as com uma faca própria para descascar, para se certificar de que estão prontas. Ponha as batatas cozidas em um escorredor e reserve.

3 Enquanto as batatas cozinham, prepare todas as hortaliças.

4 Transfira as batatas para uma tigela grande, acrescente todos os ingredientes e misture bem. Tempere a gosto; cubra e leve à geladeira até esfriar bem.

Salada de Lentilha ao Curry

Esta salada nutritiva é rica em proteína e pode ser reaquecida como prato principal.

3L de água destilada ou pura
500g de lentilhas verdes ou vermelhas
2 folhas de louro
1 cebola Vidalia ou amarela picada
1 cenoura cortada em cubos pequenos ou tiras
2 talos de aipo cortados em cubos
2 colheres (chá) de curry em pó
⅓ de xícara de suco de limão fresco (de cerca de 3 limões)
2 colheres (sopa) de Bragg Liquid Aminos
2 colheres (chá) de alho bem picado
1 pitada de pimenta-de-caiena

Rendimento: 8 porções

Por porção:
calorias, 168;
proteínas, 11g;
gordura, 0g;
carboidratos, 31g;
fibras, 4g;
cálcio, 48mg;
sódio, 358mg.

1 Ferva a água em uma panela grande. Lave as lentilhas em um escorredor, retirando detritos.

2 Ponha as lentilhas e folhas de louro em uma panela. Cubra e cozinhe em fogo brando por cerca de 30 minutos, mexendo de vez em quando até as lentilhas ficarem macias. Retire a espuma enquanto estiver mexendo. Tire do fogo.

3 Coe as lentilhas e misture com o resto dos ingredientes. Tempere a gosto e resfrie.

Salada de Pepino e Endro sem Gordura

Esta salada fica especialmente colorida quando servida sobre uma camada de ervas selvagens ou uma salada mesclun.

3 pepinos grandes descascados
1 cebola vermelha
½ xícara de vinagre de maçã
⅔ de xícara de xarope de arroz integral
1 pitada de pimenta-de-caiena
1 colher (sopa) de endro fresco picado

Rendimento: 3 a 4 porções

Por porção:
calorias, 244;
proteínas, 1g;
gordura, 0g;
carboidratos, 58g;
fibras, 4g;
cálcio, 53mg;
sódio, 9mg.

1 Corte os pepinos e a cebola em fatias de 1,5cm. Misture em uma tigela grande e reserve.

2 Faça uma marinada batendo no liquidificador o vinagre, o xarope de arroz e a pimenta.

3 Misture as hortaliças com o molho e o endro e leve à geladeira. Tempere a gosto. Mexa de vez em quando para distribuir igualmente a marinada.

Salada Waldorf de Granny Annie

Esta receita é dedicada a Ann Rogers. É sua salada favorita para os feriados. Substituí a maionese por um molho de iogurte mais saboroso e nutritivo.

3 maçãs vermelhas Deliciosas

3 maçãs Granny Smith (maçã verde) ou uma combinação de
maçãs e pêras D'Anjou

⅓ de xícara de suco de limão

2 talos de aipo cortados em cubos

1 xícara de uvas vermelhas ou verdes sem sementes

⅔ de xícara de passas

½ xícara de nozes picadas

MOLHO DE IOGURTE E BANANA:

½ xícara de iogurte de soja sabor baunilha

⅓ de xícara de suco de laranja fresco

1 banana madura

½ colher (chá) de canela

1 colher (chá) de extrato de baunilha

Rendimento: 6 a 8 porções

Por porção:
calorias, 213;
proteínas, 3g;
gordura, 6g;
carboidratos, 41g;
fibras, 6g;
cálcio, 33mg;
sódio, 23mg.

1 Pique as maçãs sem os miolos (e as pêras, se as usar). Coloque em uma tigela grande e misture com o suco de limão para não escurecer.

2 Bata no liquidificador os ingredientes do molho até ficarem cremosos.

3 Acrescente o resto dos ingredientes da salada e o molho com as maçãs. Sirva bem frio.

Salada de Legumes Grelhados

Criamos esta salada como um meio de usar nossas sobras de legumes grelhados do jantar. O que não sabíamos era como ficaria saborosa!

3 cogumelos portobello

1 berinjela descascada

2 abóboras-amarelas

2 abobrinhas

2 pimentões vermelhos assados (veja p. 243)

MARINADA

¼ de xícara de óleo de canola ou azeite de oliva

1 colher (chá) de alho bem picado

2 colheres (chá) de orégano fresco picado ou 1 colher (chá) de orégano seco

1 pitada de pimenta-de-caiena

Rendimento: 4 a 6 porções

Por porção:
calorias, 186;
proteínas, 5g;
gordura, 10g;
carboidratos, 19g;
fibras, 6g;
cálcio, 64mg;
sódio, 16mg.

1 Remova os cabos dos cogumelos portobello e raspe as lamelas da parte interna dos chapéus. Corte na diagonal o resto dos legumes em fatias de 1,5cm de espessura, coloque em uma panela grande e reserve.

2 Ligue seu grill na temperatura máxima durante cinco minutos, ou até ficar bem quente.

3 Bata no liquidificador todos os ingredientes da marinada até emulsificar os sabores.

4 Pincele os legumes cortados com a marinada e ponha na grelha com a parte pincelada para baixo.

5 Enquanto os vegetais grelham, pincele-os com um pouco mais da marinada.

Saladas 45

MOLHO

¼ de xícara de azeite de oliva extravirgem

1 colher (sopa) de Bragg Liquid Aminos

2 colheres (sopa) de água destilada ou pura

2 colheres (sopa) de suco de limão fresco

1 colher (sopa) de vinagre balsâmico

1 colher (sopa) de ervas frescas picadas (manjericão, orégano,
estragão ou suas ervas frescas favoritas – ou ainda
uma pitada de ervas secas)

1 colher (chá) de alho bem picado

1 pitada de pimenta-de-caiena

6 Quando a marca escura da grelha aparecer nos legumes, vire e grelhe o outro lado. Os cogumelos podem precisar de mais tempo do que os legumes para ficar macios.

7 Ponha todos os legumes grelhados na geladeira até resfriarem.

8 Bata no liquidificador ou manualmente todos os ingredientes do molho, até misturá-los bem.

9 Retire os legumes grelhados da geladeira e misture-os levemente com o molho.

10 Deixe na geladeira por uma a duas horas e sirva.

Salada Grega de Macarrão

Esta massa saborosa também pode ser servida quente como prato principal.

3L de água destilada ou pura
500g de macarrão parafuso de três cores
MOLHO
2 colheres (sopa) de folhas de manjericão fresco picadas
1 colher (sopa) de alho bem picado
½ xícara de azeite de oliva extravirgem
¼ de colher (chá) de sal marinho, opcional
1 pitada de pimenta-de-caiena ou ⅛ de colher (chá)
    de pimenta-do-reino
90g de tomates secos amolecidos em água quente e picados
    grosseiramente
⅓ de xícara de azeitonas pretas fatiadas
⅓ de xícara de azeitonas verdes recheadas com pimentão vermelho
⅓ de xícara de parmesão de soja
1 raminho de manjericão para guarnecer

Rendimento: 6 a 8 porções

Por porção:
calorias, 294;
proteínas, 7g;
gordura, 19g;
carboidratos, 27g;
fibras, 3g;
cálcio, 10mg;
sódio, 302mg.

1 Ponha a água para ferver. Acrescente o macarrão e mexa sem parar. Cozinhe por seis a oito minutos ou até ficar *al dente*.

2 Coloque-o em um escorredor e enxágüe rapidamente com água fria.

3 Bata no liquidificador o manjericão, o alho, o azeite de oliva, o sal e a pimenta-de-caiena para fazer um molho bem emulsificado.

4 Em uma tigela grande, misture o macarrão com o molho e acrescente o resto dos ingredientes.

5 Leve à geladeira até esfriar e guarneça com o parmesão de soja e um raminho de manjericão.

Salada Marinada de Palmito e Corações de Alcachofra

O palmito vem da palmeira. Este prato é muito saboroso.

1 pimentão vermelho pequeno

1 pimentão amarelo ou cor-de-laranja

1 lata de 340g de palmito escorrido e cortado diagonalmente
em fatias de 1,5cm

1 lata de 340g de corações de alcachofra escorridos e cortados ao meio

⅓ de xícara de azeitonas pretas escorridas

⅓ de xícara de azeitonas recheadas com pimentão vermelho escorridas

0,5L de tomates-cereja cortados ao meio, ou 2 tomates maduros
cortados em quatro partes (opcional)

MARINADA

¼ de xícara de azeite de oliva extravirgem

¼ de xícara de vinagre de maçã

2 colheres (chá) de alho bem picado

2 colheres (chá) de folhas de orégano

1 pitada de pimenta-de-caiena ou ⅛ de colher (chá) de pimenta-do-reino

Rendimento: 4 porções

Por porção:
calorias, 233;
proteínas, 3g;
gordura, 15g;
carboidratos, 18g;
fibras, 6g;
cálcio, 55mg;
sódio, 321mg.

1 Corte os pimentões em cubos de 1,5cm e misture todos os legumes em uma tigela grande.

2 Bata no liquidificador os ingredientes da marinada durante 30 segundos. Despeje sobre os vegetais e misture bem. Sirva sobre uma camada de verduras.

Salada de Repolho e Wakame

O wakame é uma grande alga marinha marrom. Como outras algas, contém mais minerais do que a maioria dos vegetais cultivados na terra. Esta é uma versão muito mais saudável e colorida da tradicional salada de repolho. Nós a servimos para acompanhar nosso Sushi de Legumes (ver pp. 178-180).

1 pacote (90g) de wakame
2 colheres (sopa) de sementes de gergelim
½ repolho verde (cerca de 6 xícaras)
3 talos de bok choi com as folhas aparadas, cortados em fatias
    de 3mm de espessura
1 cenoura grande cortada em tiras
1 nabo japonês pequeno descascado e cortado em tiras
1 ½ xícara de Vinagrete Oriental (p. 64)

Rendimento: 6 a 8 porções

Por porção:
calorias, 113;
proteínas, 3g;
gordura, 2g;
carboidratos, 20g;
fibras, 4g;
cálcio, 131mg;
sódio, 467mg.

1 Ponha o wakame em água morna por 15 minutos e depois o estenda. Com a ponta de uma faca, remova o talo ao longo do centro das folhas maiores e corte as folhas em tiras grossas.

2 Torre as sementes de gergelim no forno a uma temperatura de 200°C durante 15 a 20 minutos ou as salteie em uma frigideira em fogo médio-alto até dourarem, mexendo de vez em quando.

3 Tire o miolo do repolho e o fatie ou corte em tiras de cerca de 0,5cm. Misture todos os vegetais em uma tigela grande com o vinagrete e metade das sementes de gergelim.

4 Leve à geladeira até esfriar bem. Guarneça com o restante das sementes de gergelim. Esta salada pode ser conservada por até dois dias na geladeira.

Salada de Soba com Hortaliças à Moda Oriental

Soba é um macarrão feito de trigo-sarraceno ou de uma combinação de trigo-sarraceno e trigo integral. Valiosa fonte de proteína, é preparado da mesma forma que o macarrão comum.

340g de soba
2 cenouras
4 cebolinhas verdes
250g de ervilhas de vagem, sem os cabos
2 xícaras de flores de brócolis
1 xícara de Vinagrete Oriental (p. 64)
2 colheres (sopa) de sementes de gergelim torradas

Rendimento: 4 a 6 porções

Por porção:
calorias, 370;
proteínas, 11g;
gordura, 4g;
carboidratos, 72g;
fibras, 5g;
cálcio, 108mg;
sódio, 307mg.

1 Cozinhe o soba por oito a dez minutos até ficar *al dente*; lave com água fria e deixe esfriar.

2 Corte as cenouras e cebolinhas verdes em fatias de 0,5cm de comprimento, ou diagonalmente. Cozinhe em água ou vapor as cenouras, as ervilhas e os brócolis até ficarem macios e depois os esfrie.

3 Em uma tigela grande, misture o soba, as hortaliças e o vinagrete.

4 Leve à geladeira até esfriar. Mexa de vez em quando para misturar os sabores. Guarneça com sementes de gergelim torradas e sirva.

Tabule

Você pode ter visto esta salada libanesa tradicional escrita ou preparada de modo diferente. Eu gosto de pôr grão-de-bico para adicionar textura e proteína.

1 xícara de burgol
2 xícaras de água destilada ou pura
1 xícara de grão-de-bico cozido e escorrido
2 colheres (sopa) de salsa italiana picada
1 colher (sopa) de folhas de hortelã picadas
1 colher (sopa) de alho bem picado
2 tomates maduros cortados em cubos
⅓ de xícara de suco de limão fresco
1 cebola vermelha pequena cortada em cubos
1 colher (sopa) de Bragg Liquid Aminos
1 pitada de pimenta-de-caiena

Rendimento: 4 porções

Por porção:
calorias, 201;
proteínas, 8g;
gordura, 1g;
carboidratos, 39g;
fibras, 6g;
cálcio, 41mg;
sódio, 177mg.

1 Ponha a água para ferver, acrescente o burgol, desligue o fogo e cubra durante 15 minutos, mexendo de vez em quando até a água secar.

2 Coloque o burgol cozido em uma tigela e deixe esfriar enquanto prepara as hortaliças.

3 Misture todos os ingredientes restantes com o burgol e tempere a gosto. Sirva bem frio.

Salada de Feijão-Branco ao Pesto

Esta salada nutritiva tem muito sabor e cor.

500g de feijão-branco ou Great Northern
2,5L de água destilada ou pura
2 folhas de louro
⅛ de colher (chá) de pimenta-de-caiena
1 xícara de Molho Pesto (ver p. 82)
1 pimentão vermelho
1 molho de cebolinha verde

Rendimento: 4 a 6 porções

Por porção:
calorias, 329;
proteínas, 9g;
gordura, 22g;
carboidratos, 21g;
fibras, 5g;
cálcio, 72mg;
sódio, 99mg.

1. Deixe o feijão de molho em água fervente suficiente para cobri-lo durante uma a duas horas.
2. Ferva a água destilada. Escorra o feijão e o coloque na água fervente com as folhas de louro. Cozinhe por uma hora ou até o feijão ficar macio, mas não empapado.
3. Enquanto o feijão cozinha, prepare o molho pesto e corte em cubos o pimentão e a cebolinha verde.
4. Quando o feijão estiver cozido, retire do fogo e escorra.
5. Esfrie o feijão e misture o molho pesto e o resto dos ingredientes. Marine por uma hora ou mais para maximizar os sabores.

Salada de Arroz Selvagem com Molho de Framboesa

Cozinhe bastante o arroz até ele se abrir, a fim de obter a textura necessária para esta salada. As passas são uma boa opção se os oxicocos não estiverem disponíveis.

1 L de água destilada ou pura
1 xícara de arroz selvagem
1 xícara de Vinagrete de Framboesa (ver p. 69)
1 colher (sopa) de sementes de papoula (opcional)
½ xícara de lascas de amêndoas torradas
⅓ de xícara de oxicocos secos
⅓ de xícara de cerejas secas

Rendimento: 4 porções

Por porção:
calorias, 292;
proteínas, 5g;
gordura, 5g;
carboidratos, 56g;
fibras, 5g;
cálcio, 54mg;
sódio, 149mg.

1 Ferva a água destilada e acrescente o arroz selvagem.

2 Cozinhe o arroz por 40 a 45 minutos até amolecer e se abrir. Escorra e leve à geladeira para esfriar.

3 Enquanto o arroz esfria, prepare o molho e torre as amêndoas.

4 Quando o arroz estiver frio, acrescente o resto dos ingredientes e sirva.

Saladas 53

Molhos para Salada

Neste capítulo, a maioria dos molhos para salada é livre de gordura; outros são emulsificados com tofu, tahini ou azeite de oliva e contêm menos de 1g de gordura saturada por porção.

Molho de Mostarda e Maçã

Este molho é muito simples e saboroso. Para obter uma melhor qualidade, use-o em até cinco dias.

3 maçãs vermelhas ou amarelas
⅓ de xícara de mostarda moída
⅓ de xícara de xarope de arroz integral
¼ de xícara de suco de limão fresco

Rendimento: 2 ½ xícaras

Por colher (sopa):
calorias, 17;
proteínas, 0g;
gordura, 0g;
carboidratos, 3g;
fibras, 0g;
cálcio, 1mg;
sódio, 53mg.

1 Lave as maçãs, tire o miolo e corte em pedaços.
2 Bata bem no liquidificador todos os ingredientes.

Molho Cítrico de Sementes de Papoula

Este molho combina com salada de espinafre ou alface vermelha. Pode ser conservado na geladeira por até cinco dias.

1 xícara de suco de laranja espremido na hora
½ xícara de suco de limão-taiti
¼ de xícara de vinagre balsâmico
1 colher (sopa) de mostarda moída
½ xícara de xarope de arroz integral
1 pitada de pimenta-de-caiena
230g de tofu suave extrafirme, escorrido e cortado em cubos
1 colher (sopa) de sementes de papoula

Rendimento: cerca de 3 xícaras

Por colher (sopa):
calorias, 18;
proteínas, 0g;
gordura, 0g;
carboidratos, 4g;
fibras, 0g;
cálcio, 5mg;
sódio, 11mg.

1 Bata no liquidificador todos os ingredientes.

Molhos para Salada

Vinagrete Balsâmico

Este é um de nossos molhos mais pedidos. Quanto mais envelhecido o vinagre balsâmico, mais rico seu sabor.

1 maçã vermelha
1 tomate maduro
1 cebola vermelha pequena
1 abacate pequeno (opcional)
2 xícaras de água destilada ou pura
2 colheres (sopa) de manjericão fresco picado
1 colher (sopa) de orégano fresco picado
1 colher (chá) de tomilho fresco picado
1 colher (sopa) de alho fresco bem picado
⅓ de xícara de vinagre balsâmico
¼ de xícara de suco de limão fresco (cerca de 2 limões)
2 colheres (sopa) de mostarda moída
1 pitada de pimenta-de-caiena
¼ de xícara de azeite extravirgem (opcional)

Rendimento: 3 ½ xícaras

Por colher (sopa):
calorias, 4;
proteínas, 0g;
gordura, 0g;
carboidratos, 1g;
fibras, 0g;
cálcio, 1mg;
sódio, 15mg.

1 Tire o miolo da maçã e do tomate e parta em quatro partes. Descasque a cebola e corte em quatro partes. Retire o abacate da casca com uma colher.

2 Bata bem no liquidificador todos os ingredientes.

3 Tempere a gosto, e junte a água para obter a consistência desejada.

Molho Francês Cremoso

Será difícil você encontrar uma receita de molho francês mais nutritiva do que esta. Para obter uma melhor qualidade, use-o em até cinco dias.

1 xícara de suco de cenoura fresco
¼ de xícara de azeite de oliva extravirgem
3 colheres (sopa) de mostarda moída
2 colheres (sopa) de suco de limão espremido na hora
   (cerca de 1 limão)
1 colher (chá) de alho fresco bem picado
1 pitada de pimenta-de-caiena

Rendimento: cerca de 1 ½ xícara

Por colher (sopa):
calorias, 25;
proteínas, 0g;
gordura, 2g;
carboidratos, 1g;
fibras, 0g;
cálcio, 3mg;
sódio, 21mg.

1 Bata bem no liquidificador todos os ingredientes.

Molho Cremoso de Alho

Este molho tem usos variados. Dá sabor a batatas assadas, legumes cozidos no vapor e saladas. Para obter melhor qualidade, use-o em até cinco dias.

1 ¼ xícara de leite de arroz ou soja
1 pacote de 370g de tofu firme de sabor suave, escorrido
    e cortado em cubos
¼ de xícara de suco de limão ou limão-taiti espremido na hora
1 colher (sopa) de alho fresco bem picado
1 colher (sopa) de Bragg Liquid Aminos
2 colheres (sopa) de ervas frescas picadas, como manjericão,
    estragão, orégano ou endro (opcional)
1 pitada de pimenta-de-caiena ou ⅛ de colher (chá) de
    pimenta-do-reino

Rendimento: cerca de 2 ½ xícaras

Por colher (sopa):
calorias, 8;
proteínas, 1g;
gordura, 0g;
carboidratos, 1g;
fibras, 0g;
cálcio, 3mg;
sódio, 20mg.

1 Bata bem no liquidificador todos os ingredientes.

Molho Italiano sem Gordura

Neste molho, as hortaliças agem como emulsificador; por isso o azeite de oliva não é necessário. Pode ser conservado na geladeira por até cinco dias; misture bem antes de usar.

1 cebola vermelha pequena
1 pimentão vermelho grande
1 pimentão amarelo ou cor-de-laranja grande
½ xícara de vinagre de maçã
⅓ de xícara de xarope de arroz integral
1 colher (sopa) de orégano fresco bem picado
1 colher (sopa) de alho bem picado
1 pitada de pimenta-de-caiena
½ xícara de água destilada ou pura (opcional)

Rendimento: cerca de 2 xícaras

Por colher (sopa):
calorias, 13;
proteínas, 0g;
gordura, 0g;
carboidratos, 4g;
fibras, 0g;
cálcio, 1mg;
sódio, 0mg.

1 Descasque a cebola, tire as sementes dos pimentões e corte essas hortaliças em quatro partes.

2 Bata no liquidificador todos os ingredientes em velocidade alta por cerca de um minuto. Acrescente água se desejar um molho de consistência menos firme.

Molho de Mostarda e Tahini

Sem dúvida, este é o molho preferido de nossos hóspedes, produzindo um conjunto de sensações que agradam ao paladar. Pode ser conservado na geladeira por até um mês. Talvez precise ser afinado com um pouco de água fria antes de ser reutilizado.

½ a ⅔ de xícara de água (o suficiente para dar
  a consistência desejada)
½ xícara de suco de limão fresco
½ xícara de tahini
⅓ de xícara de xarope de arroz integral
3 colheres (sopa) de mostarda moída
1 colher (sopa) de Bragg Liquid Aminos
2 colheres (chá) de alho bem picado
1 colher (sopa) de salsa fresca picada
1 pitada de pimenta-de-caiena

Rendimento: 1 ½ a 2 xícaras

Por colher (sopa):
calorias, 40;
proteínas, 1g;
gordura, 2g;
carboidratos, 4g;
fibras, 0g;
cálcio, 19mg;
sódio, 72mg.

1 Bata no liquidificador todos os ingredientes.

2 Acrescente mais água aos poucos se você preferir uma consistência mais fina.

Molho de Iogurte e Laranja

Este é um molho maravilhosamente refrescante para acompanhar suas frutas tropicais favoritas. Também pode ser usado como substituto da maionese na salada Waldorf.

2 colheres (chá) de raspas de laranja (tirá-las antes
de descascar e espremer as laranjas)
½ xícara de suco de laranja fresco (cerca de 4 laranjas)
¾ de xícara de iogurte de soja sabor baunilha
½ xícara de xarope de arroz integral

Rendimento: 1 ¾ xícara

Por colher (sopa):
calorias, 27;
proteínas, 0g;
gordura, 0g;
carboidratos, 6g;
fibras, 0g;
cálcio, 1mg;
sódio, 2mg.

1 Bata todos os ingredientes em uma tigela até a mistura ficar homogênea.

Vinagrete Oriental

Este molho também serve como uma marinada para a Salada de Repolho e Wakame (ver p. 49), saladas chinesas de vegetais ou bifes de tofu grelhados. Pode ser conservado na geladeira por sete dias ou mais.

1 xícara de água destilada ou pura
½ xícara de tamari ou shoyu com baixo teor de sódio
½ xícara de xarope de arroz integral
⅓ de xícara de vinagre de arroz ou maçã
1 tomate maduro, cortado em quatro partes
2 colheres (sopa) de sementes de gergelim torradas
1 colher (sopa) de alho bem picado
1 colher (chá) de pasta de chili vegetariana
1 colher (chá) de óleo de gergelim torrado

Rendimento: cerca de 2 ½ xícaras

Por colher (sopa):
calorias, 20;
proteínas, 0g;
gordura, 0g;
carboidratos, 4g;
fibras, 0g;
cálcio, 6mg;
sódio, 121mg.

1 Bata bem no liquidificador todos os ingredientes.

2 Tempere a gosto, e junte a água para obter a consistência desejada.

Molho de Manteiga de Amendoim

Este molho é tão bom que você pode imaginá-lo como bebida! Fica ótimo em legumes, saladas e massas à moda oriental.

1 xícara de água destilada ou pura

⅔ de xícara de manteiga de amendoim livre de sódio

½ xícara de tamari ou molho de soja com baixo teor de sódio

½ xícara de xarope de arroz integral

1 tomate maduro, cortado em quatro partes (opcional)

2 colheres (sopa) de alho bem picado

1 colher (chá) de pasta de chili vegetariana ou outro molho picante

1 colher (chá) de sementes de gergelim torradas

Rendimento: cerca de 3 xícaras

Por colher (sopa):
calorias, 34;
proteínas, 1g;
gordura, 2g;
carboidratos, 4g;
fibras, 0g;
cálcio, 6mg;
sódio, 100mg.

1 Bata bem no liquidificador todos os ingredientes.

2 Tempere a gosto, junto à manteiga de amendoim, e adicione a água para obter a consistência desejada.

Molho de Abacaxi e Mostarda

Este molho dá um sabor especial a saladas de espinafre ou de outras folhas. Para uma melhor qualidade, use-o em até cinco dias.

1 xícara de suco de maçã
1 xícara de suco de laranja espremido na hora
1 xícara de pedaços grossos de abacaxi fresco
2 colheres (sopa) de mostarda moída
½ abacate maduro tirado da casca com uma colher
1 colher (chá) de alho bem picado

Rendimento: 3 xícaras

Por colher (sopa):
calorias, 12;
proteínas, 0g;
gordura, 0g;
carboidratos, 2g;
fibras, 0g;
cálcio, 2mg;
sódio, 18mg.

1 Bata bem no liquidificador todos os ingredientes.

Molho de Mostarda Doce e Picante

Este molho tem vários usos: como marinada, dip ou recheio.

⅓ de xícara de mostarda moída
¼ de xícara de água
¼ de xícara de vinagre de arroz
½ xícara de xarope de arroz integral
2 colheres (chá) de gengibre bem picado
1 colher (sopa) de açúcar demerara
2 colheres (sopa) de tamari com baixo teor de sódio
1 colher (sopa) de óleo de gergelim torrado
1 colher (sopa) de molho picante
1 colher (chá) de vinagre de umeboshi (opcional)

Rendimento: 1 ½ xícara

Por colher (sopa):
calorias, 34;
proteínas, 0g;
gordura, 1g;
carboidratos, 0g;
fibras, 0g;
cálcio, 1mg;
sódio, 171mg.

1 Bata no liquidificador todos os ingredientes até ficarem cremosos. Tempere a gosto.

Molho de Framboesa e Tahini

Meu amigo e colega chef Ken Hubscher colaborou com esta receita. O molho pode ser conservado na geladeira por cinco a sete dias. Se engrossar muito, acrescente um pouco de água fria ao reutilizá-lo, a fim de obter a consistência desejada.

0,5L de framboesas frescas escolhidas e lavadas
¼ de xícara de leite de arroz ou soja
¼ de xícara de xarope de arroz integral
3 colheres (sopa) de tahini
1 colher (sopa) de tamari
2 colheres (sopa) de vinagre de maçã ou framboesa

Rendimento: cerca de 1 ½ xícara

Por colher (sopa):
calorias, 26;
proteínas, 0g;
gordura, 0g;
carboidratos, 4g;
fibras, 0g;
cálcio, 9mg;
sódio, 44mg.

1 Bata bem no liquidificador todos os ingredientes. Se as framboesas estiverem muito azedas, acrescente mais xarope de arroz integral.

Vinagrete de Framboesa

As framboesas são um ótimo emulsificador para este molho livre de gordura. Pode ser conservado na geladeira por cinco a sete dias.

½ xícara de vinagre de maçã
1 colher (sopa) de manjericão fresco picado
0,5L de framboesas frescas escolhidas e lavadas
½ xícara de xarope de arroz integral

Rendimento: cerca de 2 xícaras

Por colher (sopa):
calorias, 21;
proteínas, 0g;
gordura, 0g;
carboidratos, 5g;
fibras, 0g;
cálcio, 2mg;
sódio, 0mg.

1 Bata bem no liquidificador todos os ingredientes. Se as framboesas estiverem muito azedas, acrescente mais xarope de arroz integral.

Vinagrete de Estragão

Este molho combina especialmente bem com salada de broto de espinafre e cogumelos, cebolas vermelhas e croutons de pão árabe. Pode ser conservado na geladeira por cinco a sete dias.

⅓ de xícara de vinagre de maçã
¼ de xícara de água destilada ou pura
115g de tofu firme de sabor suave
2 colheres (sopa) de mostarda moída
2 colheres (sopa) de xarope de arroz integral
2 colheres (sopa) de suco de limão fresco
1 colher (chá) de alho bem picado
1 colher (sopa) de estragão fresco picado ou 2 colheres
     (chá) de estragão seco

Rendimento: cerca de 1 ½ xícara

Por colher (sopa):
calorias, 11;
proteínas, 0g;
gordura, 0g;
carboidratos, 1g;
fibras, 0g;
cálcio, 2mg;
sódio, 37mg.

1 Bata bem no liquidificador todos os ingredientes, exceto o estragão.

2 Acrescente o estragão.

3 Leve à geladeira. Isso realçará seu sabor.

Molho de Tahini Tradicional

Acrescentar manjericão a este molho lhe dá um sabor mais suave e agradável. Pode ser conservado na geladeira por até um mês. Talvez precise ser afinado com um pouco de água fria antes de ser reutilizado.

2 xícaras de água destilada ou pura
½ xícara de suco de limão fresco
⅓ de xícara de xarope de malte de cevada ou de arroz integral
1 colher (chá) de cominho moído
1 colher (sopa) de manjericão fresco picado (opcional)
1 xícara de tahini

Rendimento: 3 xícaras

Por colher (sopa):
calorias, 36;
proteínas, 1g;
gordura, 2g;
carboidratos, 4g;
fibras, 0g;
cálcio, 21mg;
sódio, 4mg.

1 Bata no liquidificador todos os ingredientes, exceto o tahini.

2 Acrescente o tahini aos poucos até obter a consistência desejada.

ATENÇÃO: Bata por último o tahini, porque é muito denso e pode queimar o motor!

Molhos

Os molhos apresentados neste livro são livres de manteiga, margarina e farinha, e às vezes são emulsificados com tofu suave. Todos contêm menos de 1g de gordura saturada por porção.

Molho Alfredo

Este molho se parece muito com o molho Alfredo original em sabor e textura. Contudo, é livre de colesterol e tem um teor mais baixo de gordura. Você pode usá-lo com suas massas favoritas, ou com outros queijos de soja livres de gordura no lugar do parmesão de soja, para criar um molho gratinado.

2 xícaras de leite de soja ou arroz
1 pacote de 370g de tofu extrafirme ou firme, de baixo
    teor de gordura e suave
1 colher (chá) de alho bem picado
1 pitada de noz-moscada
1 pitada de pimenta-de-caiena ou ¼ de colher (chá) de
    pimenta-do-reino moída
1 colher (chá) de missô amarelo
1 xícara de parmesão de soja ou arroz
2 colheres (chá) de salsa ou manjericão fresco picado (opcional)

Rendimento: 1 L

Por ¼ de xícara:
calorias, 45;
proteínas, 5g;
gordura, 2g;
carboidratos, 2g;
fibras, 1g;
cálcio, 7mg;
sódio, 160mg.

1 Bata bem no liquidificador todos os ingredientes, exceto o missô, o parmesão de soja, o manjericão ou a salsa.

2 Ponha a mistura em uma caçarola em fogo brando até ficar quente, mexendo de vez em quando.

3 Acrescente o missô, o parmesão de soja e o manjericão ou a salsa, e tempere a gosto. Sirva quente. Tome o cuidado de não ferver o molho porque pode talhar.

Chili Con Queso

Este molho versátil livre de gordura é bom como dip para nachos ou cobertura de queijo picante para uma caçarola de brócolis ou couve-flor.

1 tomate grande maduro picado
4 cebolinhas verdes cortadas em fatias de 0,5cm
1 pimentão vermelho pequeno cortado em cubos
1 pimenta jalapeño bem picada (veja o aviso na p. 20)
1 colher (sopa) de coentro bem picado
230g de cheddar de soja cortado em tiras
1 colher (chá) de molho picante (opcional)

Rendimento: cerca de 2 ½ xícaras

Por ¼ de xícara:
calorias, 67;
proteínas, 5g;
gordura, 4g;
carboidratos, 3g;
fibras, 1g;
cálcio, 112mg;
sódio, 217mg.

1 Ponha o tomate, as cebolinhas verdes, o pimentão, a pimenta e o coentro em uma caçarola. Cozinhe em fogo brando até ficarem macios.

2 Acrescente o cheddar de soja e misture bem. Tempere a gosto.

3 Abaixe o fogo e deixe coberto até ser servido.

Chutney de Oxicoco

Se você é um daqueles que aprecia um bom molho de oxicoco, gostará deste chutney.

1 xícara de suco de laranja
1 pacote de 360g de oxicocos frescos lavados e sem cabos
1 colher (sopa) de gengibre fresco ralado
1 bastão de canela
½ xícara de açúcar demerara ou outro adoçante preferido
2 colheres (sopa) de araruta
¼ de xícara de água
½ xícara de uvas-passas
1 pitada de pimenta-de-caiena (opcional)

Rendimento: 6 a 8 porções

Por porção:
calorias, 122;
proteínas, 0g;
gordura, 0g;
carboidratos, 30g;
fibras, 2g;
cálcio, 8mg;
sódio, 2mg.

1 Misture o suco de laranja, os oxicocos, o gengibre e o bastão de canela em uma caçarola e cozinhe em fogo médio por 12 a 15 minutos, até os oxicocos ficarem macios e se abrirem um pouco.

2 Escorra os oxicocos e reserve, pondo o caldo de volta na caçarola.

3 Acrescente o açúcar demerara e cozinhe em fogo brando por alguns minutos até dissolvê-lo. Tempere a gosto. Não se preocupe se o sabor lhe parecer doce demais, porque ficará mais suave quando os oxicocos forem reincorporados ao molho.

4 Dissolva a araruta na água e misture com o molho até engrossá-lo. Acrescente as uvas-passas e a pimenta-de-caiena, se desejar.

5 Ponha os oxicocos escorridos em um prato de servir e misture com o molho engrossado. Leve à geladeira até ficar bem frio.

Molho Barbecue

Quase todos os molhos para churrasco são adoçados com xarope de milho ou melaço, que contêm pelo menos 80 por cento de açúcar. (O xarope de milho pode estar ligado ao pré-diabetes.) Costumamos usar como adoçante xarope de arroz integral orgânico, que contém apenas 20 por cento de açúcar natural. Este molho pode transformar o seitan (produto de glúten com uma textura parecida com a da carne) finamente fatiado em um prato ao estilo do churrasco. Salpique um pouco do molho no seitan fatiado e sirva quente ou frio, guarnecido com cebolinhas verdes fatiadas. Você também pode usá-lo em bifes de tofu grelhados, tempeh ou hambúrgueres vegetais. A pasta de chili vermelho vegetariano usada a seguir pode ser encontrada na seção de produtos orientais da maioria dos supermercados.

480g de purê de tomate
¾ de xícara de xarope de arroz integral
½ colher (chá) de chili vermelho vegetariano ou um de seus
    molhos picantes favoritos
⅓ de xícara de molho inglês vegetariano
¼ de xícara de vinagre de maçã
1 colher (chá) de alho bem picado
½ colher (chá) de fumaça líquida*

Rendimento: 3 xícaras

Por ¼ de xícara:
calorias, 86;
proteínas, 1g;
gordura, 0g;
carboidratos, 20g;
fibras, 1g;
cálcio, 9mg;
sódio, 269mg.

1 Cozinhe em fogo brando o purê de tomate e o xarope de arroz integral.

2 Dissolva a pasta de chili em uma tigela com o resto dos ingredientes.

3 Misture a pasta de chili com o molho de tomate, cozinhe em fogo brando e mexa de vez em quando.

---

*Flavorizante de fumaça ou aroma natural de fumaça. (*N. da R.T.*)

Molho de Manga

Atualmente, as mangas estão disponíveis o ano inteiro. Escolha as macias ao toque. Sirva este molho picante com rolinhos primavera de legumes ou outros pratos orientais de sua preferência.

1 manga grande descascada e fatiada
¼ de abacaxi fresco descascado, sem o miolo e cortado
    em pedaços grossos
½ xícara de vinagre de arroz integral
2 colheres (sopa) de xarope de arroz integral
2 colheres (chá) de gengibre fresco ralado
2 colheres (chá) de vinagre de umeboshi (disponível na maioria
    das lojas de produtos naturais)
½ colher (chá) de pasta de chili vegetariano (disponível nas seções
    de produtos orientais da maioria dos supermercados)

Rendimento: cerca de 1 ½ xícara

Por colher (sopa):
calorias, 16;
proteínas, 0g;
gordura, 0g;
carboidratos, 3g;
fibras, 0g;
cálcio, 2mg;
sódio, 0mg.

1 Bata bem no liquidificador todos os ingredientes.

Molho Marinara

Esta é minha receita favorita de marinara. Os tomates orgânicos definitivamente acentuam este molho. Para reduzir as calorias provenientes de gordura, os passos 1 e 2 podem ser omitidos. Coloque todos os ingredientes em uma panela grande, cubra e cozinhe em fogo brando. Para variedade e sabor adicionais, você pode acrescentar cogumelos domésticos ou selvagens. Para fazer um molho à bolonhesa sem carne moída, acrescente 360g de carne vegetal moída e continue a cozinhar por cerca de 15 minutos antes de servir.

1 colher (sopa) de azeite de oliva extravirgem (opcional)

1 cebola amarela grande picada

2 colheres (sopa) de alho bem picado

1 pimentão amarelo picado

1 pimentão vermelho picado

4 tomates maduros cortados em cubos, ou 1 lata de 720g
de tomates em cubos

1 lata de 480g de purê de tomate

2 colheres (sopa) de manjericão fresco picado

2 folhas de louro

¼ de colher (chá) de pimenta-de-caiena

½ colher (chá) de sal marinho (opcional)

⅓ de xícara de xarope de arroz integral (opcional – pode ser acrescentado se o molho estiver muito ácido)

Rendimento: cerca de 2L

Por ½ xícara:
calorias, 26;
proteínas, 1g;
gordura, 0g;
carboidratos, 5g;
fibras, 1g;
cálcio, 10mg;
sódio, 16mg.

1 Aqueça o azeite de oliva em uma caçarola grande que não seja de alumínio. Acrescente a cebola e o alho e salteie até dourarem ligeiramente.

2 Adicione os pimentões e continue a cozinhar até ficarem macios.

3 Acrescente o resto dos ingredientes e cozinhe em fogo brando por uma hora ou mais, mexendo freqüentemente.

4 Tempere a gosto.

Salsa Mexicana

Esta salsa livre de gordura pode ser usada com pratos principais mexicanos e antepastos ou como molho para saladas. Para obter mais qualidade, use-a em até três dias. Para um sabor mais forte, toste primeiro o pimentão e a pimenta. Descasque e corte em cubos antes de servir.

4 tomates grandes maduros picados
1 cebola Vidalia ou vermelha picada
1 pimentão amarelo ou cor-de-laranja picado
1 pimenta jalapeño sem sementes e bem picada
    (veja o aviso na p. 20)
1 colher (chá) de vinagre de maçã
2 colheres (sopa) de coentro fresco bem picado
2 colheres (chá) de alho bem picado
¼ de colher (chá) de sal marinho (opcional)

Rendimento: cerca de 1L

Por colher (sopa):
calorias, 3;
proteínas, 0g;
gordura, 0g;
carboidratos, 1g;
fibras, 0g;
cálcio, 1mg;
sódio, 5mg.

1 Misture todos os ingredientes em uma tigela de aço inoxidável e esfrie antes de servir. Tempere a gosto.

Falso Molho Bearnaise

Este remake da versão clássica mas altamente calórica é similar na cor, no sabor e na textura.

1 xícara de leite de soja
4 colheres (sopa) de suco de limão fresco
2 colheres (chá) de folhas frescas de estragão picadas
¼ de colher (chá) de sal marinho
½ colher (chá) de açafrão-da-terra
1 pitada de pimenta-de-caiena
2 colheres (sopa) de araruta
¼ de xícara de água destilada ou pura

Rendimento: 1 ½ xícara

Por ½ xícara:
calorias, 26;
proteínas, 1g;
gordura, 0g;
carboidratos, 4g;
fibras, 1g;
cálcio, 3mg;
sódio, 94mg.

1 Misture todos os ingredientes em uma caçarola, exceto a araruta e a água. Ferva.

2 Misture a araruta e a água, acrescente ao molho e mexa até engrossar.

3 Ajuste os temperos a gosto, cubra e reserve. Reaqueça quando necessário.

Molho Pesto

Este molho é maravilhoso sobre saladas, legumes, torradas de pão integral ou seu prato de massa favorito. Pode ser conservado na geladeira por até um mês. Para um toque mais tropical, substitua o manjericão por coentro. Você também pode substituir o manjericão por salsa ou outro sabor alternativo.

¾ de xícara de azeite de oliva extravirgem
2 colheres (chá) de alho bem picado
2 colheres (sopa) de nozes ou pinhões picados
⅛ de colher (chá) de sal marinho (opcional)
⅓ de xícara de parmesão de soja ou arroz
1 xícara de manjericão fresco picado.

Rendimento: 1 ½ xícara

Por colher (sopa):
calorias, 68;
proteínas, 1g;
gordura, 7g;
carboidratos, 0g;
fibras, 0g;
cálcio, 1mg;
sódio, 29mg.

1 Bata bem no liquidificador todos os ingredientes.

Molho Saboroso

Este molho combina bem com pães, o Pão de Tofu Substituto do Peru do Dia de Ação de Graças (ver p. 165), ou purê de batata. Para torná-lo mais nutritivo, acrescente 240g de cogumelos domésticos ou selvagens fatiados.

1 ½L de água destilada ou pura com caldo de legumes em pó, para dar sabor
1 colher (sopa) de tempero para aves
¼ de colher (chá) de pimenta-de-caiena
2 cebolas Vidalia ou amarelas picadas
4 talos de aipo cortados em fatias de 1,5cm
⅔ de xícara de araruta ou amido de milho
⅔ de xícara de água fria destilada ou pura

Rendimento: cerca de 1 3/4L

Por ¼ de xícara:
calorias, 59;
proteínas, 0g;
gordura, 0g;
carboidratos, 14g;
fibras, 1g;
cálcio, 17mg;
sódio, 21mg.

1 Ferva o caldo de legumes e adicione todos os ingredientes.

2 Cozinhe até as hortaliças ficarem macias. Escorra-as, reservando o caldo em uma caçarola.

3 Volte a ferver o caldo, dissolva a araruta em água fria e acrescente-a ao caldo, mexendo até obter a textura desejada.

4 Recoloque as hortaliças no caldo, tempere a gosto e sirva. Cubra para evitar que se forme uma película em cima.

Tomates Ensopados

Minha mãe, Ann, é a inspiração para este prato. Ela o serviria sobre purê de batata ou repolho cozido no vapor. Os tomates ensopados são mais nutritivos quando combinados com quiabo, repolho, vagem, couve-de-bruxelas ou milho cozidos ou, como minha mãe faz, com purê de batatas.

2 colheres (chá) de azeite de oliva extravirgem
1 cebola amarela grande picada
1 pimentão amarelo picado
1 pimentão vermelho picado
1 colher (sopa) de alho bem picado
4 tomates maduros picados ou 1 lata de
    480g de tomates em cubos
⅔ de xícara de purê de tomate
½ xícara de malte de cereais
2 colheres (sopa) de manjericão fresco bem picado
2 folhas de louro
½ colher (chá) de sal marinho (opcional)
1 pitada de pimenta-de-caiena

Rendimento: 4 a 6 porções

Por porção:
calorias, 175;
proteínas, 2g;
gordura, 1g;
carboidratos, 37g;
fibras, 3g;
cálcio, 23mg;
sódio, 25mg.

1 Aqueça o azeite de oliva em uma caçarola grande. Salteie a cebola, os pimentões e o alho.

2 Quando as hortaliças amolecerem, acrescente todos os outros ingredientes. Cozinhe em fogo brando por uma hora ou mais, mexendo freqüentemente.

3 Tempere a gosto. Se você quiser eliminar as calorias da gordura, não use azeite de oliva para saltear. Simplesmente coloque todos os outros ingredientes em uma panela grande e cozinhe em fogo brando.

Tapenade de Tomates Secos

Espalhe sobre seu pão favorito de vários grãos, massas ou legumes, como uma alternativa mais nutritiva à manteiga. Este molho se conserva na geladeira por mais de um mês. Para reutilizá-lo, deixe-o à temperatura ambiente antes de servir. Para mais variedade e sabor, acrescente 2 colheres (sopa) de azeitonas importadas picadas. Você também pode eliminar o sal marinho desta receita porque as azeitonas são salgadas.

½ xícara de azeite de oliva extravirgem
1 ½ colher (chá) de alho bem picado
1 colher (sopa) de sal marinho (opcional)
¼ de xícara de tomates secos amolecidos em água quente
    e picados grosseiramente

Rendimento: 1 xícara

Por colher (sopa):
calorias, 61;
proteínas, 0g;
gordura, 7g;
carboidratos, 0g;
fibras, 0g;
cálcio, 0mg;
sódio, 1mg.

1 Bata bem os ingredientes no liquidificador ou processador de alimentos.

Glaceado de Teriyaki

Este molho foi criado para refogar legumes ou glacear alimentos grelhados, como bifes de tofu ou fatias de seitan.

1 xícara de água
⅔ de xícara de suco de maçã ou abacaxi
⅔ de xícara de xarope de arroz integral ou outro adoçante líquido
⅔ de xícara de tamari ou molho de soja com baixo teor de sódio
½ xícara de flocos de coco sem açúcar
2 colheres (sopa) de sementes de gergelim torradas
2 colheres (sopa) de alho bem picado
1 colher (sopa) de gengibre fresco ralado
1 colher (chá) de pasta de chili vegetariana, outro molho picante
    ou pimenta-do-reino recém-moída
½ xícara de araruta misturada com ½ xícara de água fria

Rendimento: cerca de 3 xícaras

Por 2 colheres (sopa):
calorias, 66;
proteínas, 1g;
gordura, 2g;
carboidratos, 11g;
fibras, 0g;
cálcio, 6mg;
sódio, 252mg.

1 Ponha todos os ingredientes em uma caçarola, exceto a mistura de araruta, e ferva em fogo brando.

2 Tempere a gosto.

3 Acrescente aos poucos a mistura de araruta ao molho fervente. Deve engrossar imediatamente. Cozinhe em fogo brando por cerca de um minuto. Se você quiser o molho mais grosso, ponha um pouco mais de água e araruta. Se quiser mais fino, acrescente um pouco de suco de fruta ou água.

Ricota de Tofu

Amantes da cozinha italiana, não se desesperem. Eis uma deliciosa alternativa livre de colesterol a um dos ingredientes básicos da cozinha italiana – o queijo ricota. Use-a em lasanha, manicotti, berinjela ao parmesão, rollatini de berinjela, pratos recheados e até mesmo na especialidade grega moussaka. Você também pode pôr algumas tiras de espinafre na mistura de tofu para torná-la mais nutritiva e colorida.

500g de tofu firme ou extrafirme prensado
2 colheres (sopa) de missô branco ou amarelo
2 colheres (sopa) de tahini
60g de mozarela de soja cortada em tiras

Rendimento: cerca de 2 ½ xícaras

Por ¼ de xícara:
calorias, 72;
proteínas, 5g;
gordura, 3g;
carboidratos, 3g;
fibras, 1g;
cálcio, 103mg;
sódio, 52mg.

1 Corte o tofu prensado em quadrados de 2,5 a 5cm. Bata bem com o resto dos ingredientes no processador de alimentos. Raspe o recipiente do processador e bata de novo.

2 Retire o tofu do processador com uma espátula de borracha e use em sua receita favorita.

Caldo de Cogumelos Selvagens

Este caldo versátil também pode ser servido como sopa.

1 colher (chá) de óleo de canola ou amendoim
1 cebola Vidalia ou amarela picada
2 colheres (chá) de alho bem picado
2 xícaras de cogumelos portobello, shitake, cremini, trompete
    ou morel sem os cabos e fatiados, ou champignon
    com os cabos e fatiados
⅓ de xícara de vinho branco ou tinto
⅓ de xícara de tomates secos picados (opcional)
1 xícara de água destilada ou pura
1 colher (sopa) de tamari, ou 1 ½ colher (sopa) de Bragg Liquid Aminos
2 colheres (sopa) de manjericão fresco, estragão ou salsa picados
1 pitada de pimenta-de-caiena
2 colheres (sopa) de araruta

Rendimento: cerca de 3 xícaras

Por ¼ de xícara:
calorias, 32;
proteínas, 1g;
gordura, 0g;
carboidratos, 6g;
fibras, 0g;
cálcio, 4mg;
sódio, 85mg.

1 Aqueça o óleo em uma caçarola e salteie a cebola e o alho até ficarem ligeiramente dourados.

2 Acrescente os cogumelos, o vinho e os tomates secos, e cozinhe até ficarem macios.

3 Adicione a água e os temperos aos vegetais e cozinhe em fogo brando por cerca de 15 minutos, mexendo de vez em quando.

4 Misture a araruta com ¼ de xícara de água fria, incorpore-a ao caldo e cozinhe em fogo brando até engrossar.

5 Tempere a gosto e sirva.

88 Dieta Vegetariana do Regency House Spa

Sopas

Sopa Bávara de Lentilha

Esta é uma sopa muito nutritiva e rica em proteínas; também pode ser servida como prato principal.

3L de água destilada ou pura
500g de lentilhas verdes ou vermelhas
1 cebola Vidalia ou outra amarela grande picada
2 cenouras cortadas em cubos
3 talos de aipo cortados em cubos
2 folhas de louro
2 colheres (sopa) de alho bem picado
2 colheres (sopa) de Bragg Liquid Aminos
2 colheres (chá) de curry em pó
⅛ de colher (chá) de pimenta-de-caiena
Fatias de salsicha de tofu ou arroz integral cozido para guarnecer

Rendimento: 4 a 6 porções

Por porção:
calorias, 137;
proteínas, 9g;
gordura, 0g;
carboidratos, 25g;
fibras, 4g;
cálcio, 42mg;
sódio, 298mg.

1 Ferva a água em uma panela grande. Lave as lentilhas em um escorredor, retirando os detritos.

2 Ponha as lentilhas na água, cubra e cozinhe em fogo brando por cerca de trinta minutos, mexendo de vez em quando.

3 Retire a espuma que se formar e acrescente as hortaliças e os temperos.

4 Continue a cozinhar, mexendo sem parar, para evitar queimar.

5 Quando as lentilhas amolecerem e, em conseqüência, a sopa engrossar, tempere a gosto e sirva. Guarneça com salsichas de tofu fatiadas ou arroz integral cozido.

Sopa de Feijão-Preto

O que seria um livro de receitas do sul da Flórida como este sem uma receita de sopa de feijão-preto? Esta também é uma versão de baixa caloria do clássico cubano. Se houver sobras, não se desespere. Você pode escorrer o feijão e seguir a receita de Conserva de Milho e Feijão-Preto (ver p. 24), ou retirar a folha de louro e preparar um Homus de Feijão-Preto (ver p. 25). Para completar com proteína, é possível combinar com arroz integral para fazer feijão com arroz. Que tal este modo de aproveitar as sobras?

2 ½L de água destilada ou pura

500g de feijão-preto

2 folhas de louro

1 pedaço de 5cm de kombu, ou 1 colher (chá) de flocos de kombu

1 cebola amarela grande (reserve um pouco para guarnecer)

1 pimentão vermelho

3 colheres (chá) de Bragg Liquid Aminos

2 colheres (sopa) de alho bem picado

2 colheres (sopa) de cominho moído

2 colheres (sopa) de coentro verde bem picado
(reserve um pouco para guarnecer)

1 colher (chá) de sal marinho (opcional)

Rendimento: 4 a 6 porções

Por porção.
calorias, 134;
proteínas, 7g;
gordura, 0g;
carboidratos, 25g,
fibras, 5g;
cálcio, 34mg,
sódio, 2mg.

1 Deixe o feijão de molho em água fervente que baste para cobri-lo durante duas horas ou mais.

2 Ferva a água destilada. Escorra o feijão e ponha na água fervente com as folhas de louro e o kombu. Cozinhe por uma hora.

3 Pique a cebola e o pimentão. Acrescente-os ao feijão, junto ao restante dos ingredientes e cozinhe até ficarem macios, por cerca de mais 30 minutos.

4 Tempere a gosto e guarneça com cebola cortada em cubos e coentro.

5 Para obter uma textura mais cremosa, retire a folha de louro e bata no liquidificador várias xícaras da sopa. Retire o centro da tampa e cubra com um pano de prato dobrado para deixar o vapor sair com segurança. Bata a sopa aos poucos até ficar homogênea.

Sopa-Creme de Brócolis

As sopas-creme neste capítulo são engrossadas com batatas e com a hortaliça principal da receita. Diga adeus à farinha, à manteiga e ao creme de leite encontrados na maioria das sopas-creme (assim como ao colesterol e às gorduras). Para variar, acrescente queijo ralado de soja do tipo cheddar, Jack ou mozarela antes de servir. Experimente substituir os brócolis por aipo, cogumelos, couve-flor, aspargos ou outras hortaliças favoritas.

1L de água destilada ou pura
1 cebola amarela grande fatiada
3 batatas descascadas e cortadas em quatro partes
1 pé de brócolis
2 colheres (chá) de alho bem picado
⅛ de colher (chá) de pimenta-de-caiena
½ colher (chá) de sal marinho (opcional) ou
    1 colher (sopa) de missô branco ou amarelo
2 xícaras de leite de arroz ou soja

Rendimento: 6 a 8 porções

Por porção:
calorias, 94;
proteínas, 3g;
gordura, 1g;
carboidratos, 17g;
fibras, 4g;
cálcio, 37mg;
sódio, 26mg.

1 Ferva a água. Acrescente a cebola e as batatas e cozinhe em fogo brando por cerca de 20 minutos até as batatas ficarem macias.

2 Remova as folhas e a metade superior dos brócolis e corte as flores e a haste superior em pedaços de 4cm. Acrescente ao caldo com o alho e os temperos e cozinhe até ficar apenas macio. (Não cozinhe demais os brócolis para não ficarem com a tonalidade marrom.)

3 Quando os brócolis estiverem macios, acrescente o leite de arroz e tire do fogo.

4 Bata no liquidificador ou processador de alimentos várias xícaras da sopa. (Se você usar o liquidificador, retire o centro da tampa e cubra com um pano de prato dobrado para deixar o vapor sair com segurança.) Reserve em uma tigela grande. Bata o resto da sopa aos poucos. Ponha-a de volta na panela e tempere a gosto. Para servir, reaqueça a sopa em fogo brando até a temperatura desejada. Não a ferva, porque pode talhar.

Sopa-Creme de Cenoura

A originalidade desta sopa se deve, em grande parte, ao sabor adocicado das cenouras.

1 ½L de água destilada ou pura
500g de cenouras lavadas e cortadas em pedaços grossos
1 batata-doce descascada e fatiada
1 cebola Vidalia ou outra, descascada em cortada em quatro partes
¼ de colher (sopa) de noz-moscada moída
½ colher (sopa) de canela moída
1 pitada de pimenta-de-caiena
1 xícara de leite de arroz ou soja
1 colher (sopa) de endro fresco picado
½ colher (chá) de sal marinho (opcional)

Rendimento: 6 a 8 porções

Por porção:
calorias, 145;
proteínas, 3g;
gordura, 1g;
carboidratos, 31g;
fibras, 6g;
cálcio, 44mg;
sódio, 39mg.

1 Ferva a água e acrescente as cenouras, a batata-doce, a cebola, a noz-moscada, a canela e a pimenta-de-caiena.

2 Cozinhe em fogo brando até as cenouras ficarem macias e depois adicione o leite de arroz.

3 Bata no liquidificador várias xícaras da mistura, tomando o cuidado de retirar o centro da tampa e cobrir com um pano de prato dobrado para deixar o vapor sair com segurança. Despeje em uma tigela separada e bata o resto da mistura. Depois leve-a de volta à panela.

4 Abaixe o fogo e acrescente o endro fresco. Tempere a gosto e sirva quente ou frio.

Sopa-Creme de Banana-da-Terra

O sucesso e o sabor adocicado desta deliciosa sopa caribenha dependem de sua capacidade de escolher as bananas-da-terra mais doces que encontrar. Não se preocupe se tiverem pontos pretos – serão mais doces por causa disso. Se estiverem verdes demais, deixe-as amadurecer bastante durante alguns dias antes de usá-las. A banana-da-terra é muito nutritiva. Não a dispense.

Se você quiser encorpar esta sopa, como fez meu assistente Andre, acrescente alguns tubérculos caribenhos cozidos e cortados em cubos, como mandioca, boniato ou malanga, e cozinhe em fogo brando por mais 15 minutos para combinar os sabores. Por si só, ela já é uma refeição.

3 bananas-da-terra bem maduras descascadas e
   cortadas em fatias de 2,5cm
1 colher (chá) de azeite de oliva
1 cebola Vidalia ou amarela picada
1 colher (sopa) de alho bem picado
1 L de caldo de legumes ou água
1 xícara de leite de soja sabor baunilha
2 colheres (sopa) de missô amarelo
1 pitada de pimenta-de-caiena
1 colher (sopa) de coentro picado

Rendimento: 6 a 8 porções

Por porção:
calorias, 128;
proteínas, 2g;
gordura, 2g;
carboidratos, 26g;
fibras, 3g;
cálcio, 13mg;
sódio, 8mg.

1 Aqueça o azeite de oliva em uma caçarola grande e salteie as cebolas até ficarem ligeiramente douradas; não as deixe queimar. Acrescente o alho e continue a cozinhar.

2 Ponha o caldo de vegetais ou a água e as bananas-da-terra na panela; cubra e cozinhe em fogo brando até as bananas-da-terra ficarem macias.

3 Acrescente o leite de soja, o missô e a pimenta-de-caiena e esquente em fogo brando.

4 Bata no liquidificador ou com um batedor manual até a mistura ficar cremosa.

5 Leve-a de volta à panela, acrescente o coentro, tempere a gosto e sirva.

Sopa Fabulosa de Cinco Feijões

Esta sopa é, em si, uma refeição. Não é preciso preparar o jantar se ela estiver em seu cardápio. É tão boa que a maioria dos convidados a repete.

3L de água destilada ou pura
½ xícara de grão-de-bico
½ xícara de feijão vermelho
½ xícara de feijão-fava
½ xícara de feijão-branco ou Great Northern
½ xícara de feijão-preto
2 folhas de louro
1 cebola amarela grande picada
2 cenouras picadas
2 talos de aipo picados
1 lata de 480g de tomates em cubos
2 colheres (sopa) de alho bem picado
2 colheres (sopa) de tomilho fresco bem picado
2 colheres (sopa) de manjericão fresco picado
1 colher (sopa) de orégano fresco picado
⅛ de colher (chá) de pimenta-de-caiena
2 colheres (sopa) de Bragg Liquid Aminos

Rendimento: 6 a 8 porções

Por porção:
calorias, 191;
proteínas,11g;
gordura, 1g;
carboidratos, 35g;
fibras, 8g;
cálcio, 64mg;
sódio, 209mg.

1 Deixe os vários tipos de feijão de molho separadamente em água fervente suficiente para cobri-los durante uma a duas horas.

2 Ferva a água destilada em uma panela grande. Escorra o grão-de-bico e o feijão-vermelho, ponha na panela com as folhas de louro e cozinhe por 30 minutos.

3 Escorra o resto dos feijões, ponha na panela e cozinhe por 30 minutos.

4 Acrescente a cebola, as cenouras, o aipo e o tomate e cozinhe por 30 minutos, mexendo de vez em quando.

5 Acrescente o alho e os temperos e cozinhe em fogo brando por 30 minutos até os feijões ficarem macios.

6 Tempere a gosto. Se você achar que a sopa ficou grossa demais, adicione mais água.

Sopa de Cebola Francesa

Esta receita se iguala a qualquer uma de suas receitas favoritas de sopa de cebola encontradas nos restaurantes mais finos. Contudo, é livre de manteiga, queijo e caldos de origem animal, e da farinha enriquecida usada para engrossá-las.

1 colher (sopa) de óleo de canola

3 cebolas amarelas grandes cortadas em fatias de 0,5cm de espessura

3 colheres (sopa) de farinha de trigo integral

1 ½L de água destilada ou pura

1 folha grande de louro

2 colheres (sopa) de base para sopa de proteína de vegetais ou tamari com baixo teor de sódio

1 colher (chá) de sal marinho (opcional)

1 pitada de pimenta-de-caiena

Rendimento: 4 porções

Por porção:
calorias, 95;
proteínas, 3g;
gordura, 2g;
carboidratos, 13g;
fibras, 2g;
cálcio, 32mg;
sódio, 303mg.

1 Aqueça o óleo em fogo médio em uma panela grande com base larga. Acrescente as cebolas, mas não mexa até dourarem bem de um lado. Resista ao impulso de mexer antes disso. Esse processo de caramelização intensificará o sabor adocicado e a cor da sopa. Quando as cebolas dourarem, mexa e continue a cozinhar.

2 Quando as cebolas estiverem uniformemente douradas, abaixe o fogo e acrescente a farinha de trigo integral. Você deve polvilhar a farinha aos poucos, a fim de evitar que se formem caroços na sopa.

3 Aumente o fogo para médio-alto, adicione água e mexa.

4 Acrescente o resto dos ingredientes, abaixe o fogo e cozinhe em fogo brando, mexendo de vez em quando, durante 20 a 30 minutos. Tempere a gosto. Sirva pura ou com uma torrada de pão integral, com uma fatia de mozarela de soja derretida em cima.

Gaspacho

Esta sopa de tomate fria e picante sempre é melhor no verão, quando aqueles tomates do quintal estão maduros para ser colhidos. Se você quiser sua sopa um pouco crocante, experimente tomá-la com croutons de pão árabe (ver p. 118).

6 tomates maduros descascados e cortados em quatro partes
1 cebola vermelha pequena descascada e cortada em quatro partes
1 pimentão vermelho sem sementes cortado em quatro partes
1 colher (sopa) de coentro fresco picado
⅓ de xícara de vinagre balsâmico
1 colher (sopa) de alho picado
¼ de xícara de azeite de oliva
¼ de xícara de sal marinho ou 2 colheres (chá) de missô vermelho
1 pimenta jalapeño sem sementes e picada (veja o aviso na p. 20)
GUARNIÇÕES
1 pimentão amarelo picado
1 pepino grande sem casca e picado
1 cebola vermelha pequena picada
1 colher (sopa) de coentro picado

Rendimento: 4 a 6 porções

Por porção:
calorias, 138;
proteínas, 1g;
gordura, 9g;
carboidratos, 9g;
fibras, 3g;
cálcio, 17mg;
sódio, 169mg.

1 Bata bem no liquidificador ou processador de alimentos todos os ingredientes, exceto as guarnições. Tempere a gosto e leve à geladeira até esfriar bem.

2 Misture todas as guarnições. Despeje a sopa em tigelas bem resfriadas e ponha por cima a mistura de guarnições.

Gumbo à Moda da Ilha

Esta especialidade de New Orleans é nutritiva, picante e, em si, uma refeição. O pó de sassafrás usado aqui é feito de folhas de sassafrás moídas e utilizado para engrossar os pratos da cozinha crioula.

2L de caldo de vegetais ou água

1 lata de 480g de tomates em cubos

1 cebola amarela grande picada

2 pimentões vermelhos, cor-de-laranja ou amarelos picados

3 talos de aipo cortados em fatias de 1,5cm

2 colheres (sopa) de alho bem picado

2 folhas de louro

1 xícara de arroz integral

2 colheres (sopa) de tempero cajun

2 colheres (chá) de sal marinho (opcional)

2 xícaras de quiabo fatiado fresco ou congelado

2 colheres (sopa) de pó de sassafrás

Rendimento: 8 a 10 porções

Por porção:
calorias, 120;
proteínas, 3g;
gordura, 0g;
carboidratos, 25g;
fibras, 4g;
cálcio, 63mg;
sódio, 28mg.

1 Ferva o caldo de vegetais ou a água em uma panela grande.

2 Acrescente a cebola, os pimentões, o aipo, o alho e o louro e cozinhe em fogo brando por 15 minutos.

3 Adicione o arroz integral e ferva em fogo brando por cerca de 30 minutos até ficar macio.

4 Acrescente o tempero cajun, o sal e o quiabo. Cubra e cozinhe em fogo brando por oito a dez minutos até o quiabo ficar macio.

5 Tire do fogo e acrescente o pó de sassafrás. (Não faça isso enquanto a sopa estiver fervendo, para não ficar viscosa.) Tempere a gosto e, **se** necessário, ponha mais líquido para obter a consistência desejada.

Sopa de Feijão-Fava

Esta é uma de nossas sopas mais requisitadas. Experimente usar outros tipos de feijão como o branco ou o Great Northern, ou combine os três.

2 ½ xícaras de água destilada ou pura
500g de feijão-fava ou outro tipo de feijão-branco
2 folhas de louro
2 colheres (sopa) de alho bem picado
1 cebola amarela grande picada
1 pimentão amarelo ou cor-de-laranja picado
2 cenouras cortadas em cubos
1 lata de 360g tomates em cubos (opcional)
1 colher (sopa) de manjericão fresco picado
1 pitada de pimenta-de-caiena
2 colheres (chá) de sal marinho (opcional)
salsicha de tofu grelhada (guarnição opcional)

Rendimento: 4 a 6 porções

Por porção:
calorias, 155;
proteínas, 7g;
gordura, 0g;
carboidratos, 30g;
fibras, 7g;
cálcio, 47mg;
sódio, 19mg.

1 Deixe o feijão de molho em água fervente suficiente para cobri-lo durante uma a duas horas.

2 Ferva a água destilada. Lave e acrescente o feijão e o louro. Cozinhe por uma hora, retirando a espuma da superfície.

3 Adicione o resto dos ingredientes e cozinhe por cerca de uma hora, ou até o feijão ficar macio.

4 Tempere a gosto e guarneça com a salsicha de tofu grelhada.

5 Para obter uma textura mais cremosa, retire a folha de louro e bata no liquidificador várias xícaras da sopa. Retire o centro da tampa e cubra com um pano de prato dobrado para deixar que o vapor saia com segurança. Bata a sopa aos poucos até ficar homogênea.

Sopa de Feijão-Preto e Branco

Bata separadamente no liquidificador a Sopa de Feijão-Fava (ver p. 101) e a Sopa de Feijão-Preto (ver p. 91). Coloque um prato de sopa entre as duas panelas. Com uma concha do mesmo tamanho em cada mão, ponha as sopas em lados opostos da tigela, ao mesmo tempo.

Sopa de Tortilla Mexicana

Tomatillo é um tomate verde mexicano pequeno e picante. Não é um tomate que não amadureceu. É verde quando colhido e permanece dessa cor. Esta sopa saborosa é um modo perfeito de começar um almoço ou jantar mexicano.

Para um sabor mais defumado, experimente assar os pimentões (ver p. 243), e cortar antes de acrescentar à sopa. Você também pode assar o milho verde. Umedeça a palha com água fria, enrole em papel-alumínio e asse ou grelhe no grill durante 35 a 40 minutos. Desenrole, deixe esfriar e você ficará surpreso com a facilidade com que a palha sai.

1 colher (sopa) de óleo de canola ou azeite de oliva
1 cebola Vidalia ou amarela grande picada
1 colher (sopa) de alho bem picado
1 pimentão amarelo picado
1 pimentão vermelho picado
1 pimenta jalapeño (veja o aviso na p. 20)
2 tomates maduros picados ou 1 lata de 480g de
    tomates em cubos
6 tomatillos picados (opcional)
1 ½L de caldo de vegetais, ou água destilada ou pura
¼ de xícara de tamari ou molho de soja light
1 folha de louro
1 colher (chá) de cominho moído
4 espigas de milho verde ou 1 xícara de milho debulhado congelado
3 tortillas de milho amarelo ou azul cortadas ao meio e depois
    em tiras de 0,5cm
1 colher (chá) de orégano fresco picado
2 colheres (sopa) de coentro ou manjericão fresco picado

Rendimento: 6 a 8 porções

Por porção:
calorias, 127;
proteínas, 4g;
gordura, 3g;
carboidratos, 20g;
fibras, 4g;
cálcio, 42mg;
sódio, 513mg.

1 Aqueça o azeite de oliva em uma panela grande e salteie as cebolas e o alho.

2 Acrescente os pimentões, tomates e tomatillos e cozinhe em fogo brando por dez a 15 minutos.

3 Adicione o caldo de vegetais, o tamari, a folha de louro, o cominho e o milho, e continue a cozinhar por 20 minutos.

4 Enquanto a sopa cozinha, preaqueça o forno a 200°C. Espalhe as tortillas cortadas em uma assadeira e asse por 25 a 30 minutos até ficarem ligeiramente douradas e crocantes. Vire-as após 15 minutos para assarem por igual.

5 Acrescente as ervas frescas à sopa, tempere a gosto e sirva quente com as tortillas como guarnição.

Minestrone

Esta especialidade italiana pode ser servida como antepasto ou prato principal.

3L de água destilada ou pura
½ xícara de feijão-vermelho cru ou 1 xícara de cozido
½ xícara de grão-de-bico cru ou 1 xícara de cozido
1 cebola amarela grande picada
2 cenouras picadas
2 talos de aipo picados
1 pimentão vermelho picado
2 folhas de louro
1 colher (sopa) de alho bem picado
3 tomates maduros ou 3 xícaras de tomates em cubos
2 colheres (sopa) de orégano fresco picado
2 colheres (sopa) de manjericão fresco picado
1 pitada de pimenta-de-caiena
2 colheres (sopa) de Bragg Liquid Aminos
1 xícara de macarrão
120g de espinafre fresco lavado, sem os talos e picado
   (cerca de 1 ½ xícara)

Rendimento: 6 a 8 porções

Por porção:
calorias, 153;
proteínas, 7g;
gordura, 0g;
carboidratos, 29g;
fibras, 5g;
cálcio, 57mg;
sódio, 226mg.

1 Se usar feijão e grão-de-bico crus, deixe-os de molho em água fervente suficiente para cobri-los durante uma a duas horas. Ferva a água destilada. Escorra o feijão e o grão-de-bico, acrescente à água fervente e cozinhe por uma hora. Se usar feijão e grão-de-bico cozidos, acrescente-os com os tomates no Passo 3.

2 Adicione a cebola, as cenouras, o alho, o pimentão, o louro e o alho ao feijão e grão-de-bico que estão cozinhando (ou à água fervente) e cozinhe por uma hora.

3 Acrescente os tomates, as ervas, a pimenta, o Bragg (e o feijão e o grão-de-bico cozidos, se os estiver usando) e cozinhe até ficarem macios.

4 Tempere a gosto, adicione o macarrão e cozinhe por oito a dez minutos. (Neste ponto, se a sopa estiver grossa demais, você pode pôr um pouco de água ou caldo de vegetais.)

5 Cerca de cinco minutos antes de servir, adicione o espinafre. Cubra, cozinhe em fogo brando por cinco minutos e sirva.

Sopa de Missô

O missô é um dos condimentos mais antigos de que se tem notícia. É um pouco salgado e tem uma textura cremosa como a da manteiga de amendoim. Há muitas variedades de missô. Você pode encontrar missô de cevada claro ou escuro, missô de soja vermelho, missô de grão-de-bico e missô de muitas outras cores e sabores. É um alimento fresco com muitas enzimas naturais, por isso não o ferva – acrescente-o a seu caldo quente e sirva dentro de alguns minutos para tirar proveito de seus muitos benefícios nutricionais.

Como uma variação nutritiva e saborosa, experimente acrescentar ¼ de xícara de fatias de wakame (alga marinha) ao caldo com as cenouras, e continue a preparar a receita. Para acrescentar proteína, misturamos 180g de tofu cortado em cubos imediatamente antes de servir.

5 xícaras de água destilada ou pura
120g de champignon ou shitake cortados em fatias de 0,5cm de espessura
2 colheres (chá) de alho bem picado
2 colheres (sopa) de missô amarelo ou branco (ou sua variedade favorita)
1 cenoura cortada em tiras de 3mm x 2,5cm
3 cebolinhas verdes cortadas em fatias de 0,5cm de espessura
1 colher (chá) de óleo de gergelim

Rendimento: 4 a 6 porções

Por porção:
calorias, 39;
proteínas, 1g;
gordura, 1g;
carboidratos, 5g;
fibras, 1g;
cálcio, 9mg;
sódio, 321mg.

1 Ferva a água em uma panela de 2 ou 3L.

2 Acrescente os cogumelos e o alho. Cozinhe em fogo brando até os cogumelos ficarem macios.

3 Adicione a cenoura, as cebolinhas verdes e o óleo de gergelim e continue a cozinhar em fogo brando.

4 Retire cerca de ½ xícara do caldo, despeje em uma tigela pequena e misture o missô.

5 Quando o missô dissolver, misture com a sopa, tempere a gosto e desligue o fogo. Para reaquecer, não ferva a sopa.

Vichyssoise de Pimentão Vermelho Assado

Esta sopa fria clássica com um toque especial também é ótima servida quente.

3 pimentões vermelhos grandes cortados em pedaços largos para assar

1L de água destilada ou pura, ou caldo de vegetais

3 batatas grandes descascadas e fatiadas

1 cebola Vidalia ou amarela

1 colher (sopa) de alho fresco bem picado

1 xícara de leite de arroz ou soja

2 colheres (sopa) de missô branco, ou ½ colher (chá) de sal marinho

1 pitada de pimenta-de-caiena

1 alho-poró aberto ao meio e finamente fatiado, ou ¼ de xícara de cebolinha fatiada

Rendimento: 6 porções

Por porção:
calorias, 200;
proteínas, 5g;
gordura, 1g;
carboidratos, 40g;
fibras, 6g;
cálcio, 50mg;
sódio, 23mg.

1 Aqueça o forno a 260°C.

2 Ponha os pimentões cortados com a casca virada para cima em uma assadeira levemente untada. Coloque-a na grade superior do forno e asse por cerca de 15 minutos até as cascas tostarem. Retire a assadeira do forno e cubra os pimentões com uma tampa ou outra assadeira. Deixe-os no vapor por cerca de 30 minutos, ou até esfriarem. Descasque e reserve os pimentões para mais tarde. Retire as partes pretas para não alterarem a cor da sopa.

3 Enquanto os pimentões estiverem assando, ferva a água em uma panela grande. Acrescente as batatas, a cebola e o alho. Cozinhe em fogo brando por cerca de 20 minutos até as batatas ficarem macias.

4 Acrescente o leite de arroz, o missô e a pimenta-de-caiena, e deixe em fogo brando até esquentar.

5 Retire do fogo. Bata no liquidificador a mistura de batatas e os pimentões vermelhos assados até ficarem cremosos. Leve este purê de volta à panela.

6 Adicione o alho-poró fatiado, tempere a gosto e cozinhe em fogo brando por cerca de três minutos. Tire a panela do fogo e leve a mistura à geladeira até esfriar. Se você estiver com pressa, ponha a sopa no congelador e mexa de vez em quando até ficar fria.

Sopa de Cogumelos e Cevada

Esta sopa clássica realmente fica melhor quando a carne de peito de animal é excluída. Para obter sabor, cor e nutrição adicionais, experimente acrescentar 90g, ou 2 xícaras, de espinafre fresco fatiado cinco minutos antes de servir.

3L de água destilada ou pura

1 cebola amarela grande picada

2 cenouras picadas

2 talos de aipo picados

1 folha grande de louro

1 xícara de cevada

500g de cogumelos frescos cortados em fatias de 0,5cm de espessura

1 colher (sopa) de alho bem picado

3 colheres (sopa) de Bragg Liquid Aminos

1 colher (sopa) de manjericão fresco picado grosseiramente

1 pitada de pimenta-de-caiena

Rendimento: 6 a 8 porções

Por porção:
calorias, 103;
proteínas, 4g;
gordura, 0g;
carboidratos, 22g;
fibras, 4g;
cálcio, 28mg;
sódio, 321mg.

1 Ferva a água em uma panela grande.

2 Acrescente a cebola, as cenouras, o aipo, o louro e a cevada e cozinhe em fogo brando por 20 minutos. Adicione metade dos cogumelos e cozinhe por cerca de mais 20 minutos.

3 Acrescente os demais ingredientes e cozinhe em fogo brando por cerca de dez minutos. Neste ponto, a cevada deve ter se expandido totalmente. Você pode precisar ajustar os temperos se puser mais água para afinar a sopa.

Sopa de Ervilha Seca

Esta é uma sopa fácil de preparar e tem um sabor refrescante característico. Se você quiser deixá-la mais adocicada e encorpada, experimente acrescentar 2 xícaras de abóbora pescoçuda cortada em cubos cerca de meia hora antes de terminar o cozimento. Guarneça com croutons de pão árabe ou salsichas de tofu, ou sirva com arroz integral para uma refeição de proteína mais completa.

3L de água destilada ou pura
500g de ervilhas secas
1 cebola Vidalia ou amarela grande picada
2 cenouras cortadas em cubos
3 talos de aipo cortados em cubos
2 folhas de louro
2 colheres (chá) de sal marinho (opcional)
1 pitada de pimenta-de-caiena

Rendimento: até 8 porções

Por porção:
calorias, 96;
proteínas, 5g;
gordura, 0g;
carboidratos, 18g;
fibras, 5g;
cálcio, 26mg;
sódio, 24mg.

1 Ferva a água em uma panela grande. Lave as ervilhas em um escorredor, retirando as pedras.

2 Ponha as ervilhas na panela, cubra e cozinhe em fogo brando por cerca de 30 minutos, mexendo de vez em quando.

3 Retire a espuma da superfície da água e acrescente os legumes e temperos.

4 Continue a cozinhar por cerca de uma hora, retirando a espuma quando necessário e mexendo freqüentemente para evitar que pegue no fundo da panela.

5 Quando as ervilhas amolecerem e a sopa engrossar, tempere a gosto e sirva.

Sopa Primavera de Legumes

Agora os aspargos estão disponíveis o ano inteiro, por isso esta sopa não precisa ser feita apenas na primavera.

2L de água destilada ou pura
1 cebola amarela grande
2 cenouras picadas
2 talos de aipo picados
1 lata de 480g de tomates em cubos
2 folhas grandes de louro
1 colher (sopa) de alho bem picado
2 colheres (chá) de sal marinho (opcional)
1 abobrinha
1 abóbora-amarela
240g de aspargos frescos
1 colher (sopa) de manjericão fresco picado grosseiramente
1 pitada de pimenta-de-caiena

Rendimento: 6 a 8 porções

Por porção:
calorias, 46;
proteínas, 2g;
gordura, 0g;
carboidratos, 9g;
fibras, 3g;
cálcio, 38mg;
sódio, 26mg.

1 Ferva a água em uma panela grande e acrescente a cebola, as cenouras, o aipo, os tomates, o louro, o alho e o sal. Cozinhe em fogo brando por cerca de 20 minutos, ou até as cenouras ficarem macias.

2 Corte a abobrinha e a abóbora-amarela em cubos de 2,5cm. Ponha na panela e cozinhe por 15 minutos.

3 Corte os aspargos em fatias de 2,5cm e ponha na panela com o manjericão e a pimenta-de-caiena; cubra e cozinhe em fogo brando por cinco minutos.

4 Tempere a gosto e sirva assim que os aspargos ficarem macios.

Caldo de Legumes

Este caldo é um diurético natural que pode ser usado como bebida ou base para sopas.

4 ½L de água destilada ou pura
1 repolho verde pequeno
1 molho de aipo com as folhas, bem lavado e cortado
500g de cenouras inteiras bem raspadas
1kg de batatas brancas ou vermelhas
1 bouquet garni (ramalhete de ervas frescas,
    geralmente envolvidas em gaze, que inclui grãos
    de pimenta, dentes de alho e folhas de louro –
    opcional, para acrescentar sabor)

Rendimento: cerca de 4L

1 Misture todos os ingredientes em uma panela grande e cozinhe em fogo brando por duas horas ou mais. Você pode deixar este caldo em fogo brando durante a maior parte do dia.

2 Quando terminar, descarte os legumes e o bouquet garni e coe o caldo. Você pode conservá-lo na geladeira por três a cinco dias. Também pode congelá-lo para uso futuro.

Sopa de Abóbora-Menina

Esta sopa tem uma textura semelhante à de um ensopado e é muito saborosa.

3 abóboras-meninas ou japonesas cortadas em
   quatro partes e sem sementes
canela e noz-moscada para cobrir
1 colher (chá) de óleo de canola
1 cebola Vidalia ou amarela grande fatiada
1 colher (sopa) de alho bem picado
1 xícara de caldo de legumes
1 xícara de leite de arroz ou soja
2 colheres (chá) de missô amarelo ou branco
1 caixa de 370g de tofu firme de sabor suave partido em pedaços
1 colher (sopa) de alecrim fresco picado
1 pitada de pimenta-de-caiena

Rendimento: 4 porções

Por porção:
calorias, 228;
proteínas, 10g;
gordura, 5g;
carboidratos, 35g;
fibras, 9g;
cálcio, 132mg;
sódio, 46mg.

1 Ponha a abóbora com a casca para baixo em uma travessa e polvilhe levemente com canela e noz-moscada. Cubra com papel-alumínio e asse no forno a 200°C por uma hora, ou até ficar macia. Retire do forno e remova a polpa com uma colher.

2 Aqueça o óleo em uma caçarola grande e salteie a cebola e o alho até dourarem.

3 Acrescente os demais ingredientes e a abóbora, e cozinhe por cerca de 20 minutos.

4 Bata no liquidificador os ingredientes, tempere a gosto e sirva.

Pães e Sanduíches

Focaccia

A focaccia é um pão italiano achatado e saboroso, ótimo para ser servido com uma salada ou no jantar.

MASSA
¾ de xícara de água destilada ou pura
2 colheres (chá) de fermento de pão
½ colher (chá) de sal marinho
¾ de xícara de farinha de trigo integral
¾ de xícara de farinha integral para pastelaria
1 colher (chá) de tomilho ou alecrim fresco picado
COBERTURA
1 colher (sopa) de azeite extravirgem
1 cebola Vidalia ou amarela descascada dividida
    ao meio e cortada em fatias de 0,5cm
1 colher (chá) de alho bem picado
1 colher (sopa) de alecrim fresco picado
⅓ de xícara de tomates secos (opcional)

Rendimento: 2 rodelas de 25cm (12 porções)

Por porção:
calorias, 67;
proteínas, 2g;
gordura, 1g;
carboidratos, 12g;
fibras, 1g;
cálcio, 18mg;
sódio, 90mg.

1 Para fazer a massa, ponha a água, o fermento e o sal em uma tigela grande ou batedeira.

2 Misture as farinhas com o líquido até ficarem homogêneas e depois acrescente a colher (chá) de tomilho ou alecrim.

3 Ponha a mistura em uma mesa polvilhada de farinha e amasse por dois a três minutos.

4 Coloque em uma tigela untada, cubra e deixe a massa descansar em um lugar quente por uma hora ou até quase dobrar de volume.

5 Enquanto a massa estiver descansando, preaqueça o forno a 190°C.

6 Para fazer a cobertura, aqueça o óleo, acrescente as hortaliças e ervas e cozinhe até ficarem macias. Reserve.

7 Ponha a massa em uma superfície levemente polvilhada de farinha e corte ao meio.

8 Abra a massa com um rolo de macarrão em dois círculos de 20cm a 25cm.

9 Coloque-os em uma assadeira antiaderente ou levemente untada, espalhe metade da cobertura em cada círculo e deixe crescer por 30 minutos. Asse por 18 a 20 minutos até a crosta ficar ligeiramente dourada.

Croutons de Pão Árabe

Esses croutons viciam. Mas há vícios piores.

2 pães árabes de trigo integral
1 colher (sopa) de azeite de oliva extravirgem
1 colher (chá) de alho bem picado
1 colher (chá) de folhas de orégano secas

Rendimento: 1 ½ xícara

Por ¼ de xícara: calorias, 70;
proteínas, 2g;
gordura, 3g;
carboidratos, 9g;
fibras, 1g;
cálcio, 20mg;
sódio, 107mg.

1 Preaqueça o forno a 200°C.

2 Corte os pães árabes em quadrados de 2cm e reserve.

3 Misture o azeite de oliva, o alho e o orégano.

4 Passe a mistura de azeite sobre todo o pão. Espalhe uniformemente os pedaços de pão em uma assadeira.

5 Asse por 15 a 18 minutos, ou até ficarem escuros e crocantes. Deixe esfriar e sirva com parmesão de soja sobre sua sopa ou salada favorita. Também ficam ótimos no lanche!

Sloppy Joes Vegetariano

Nesta receita, o uso de proteína de soja texturizada como substituto da carne moída ou do peru lhe dá uma alternativa vegetariana livre de gordura a este clássico da geração americana nascida após a Segunda Guerra Mundial. Sirva em um sanduíche de pão árabe ou sobre massas, arroz integral ou batatas.

1 cebola amarela pequena cortada em cubos
1 pimentão vermelho ou amarelo cortado em cubos
2 colheres (chá) de alho bem picado
1 ½ xícara de água destilada ou pura, ou caldo de vegetais
1 xícara de ketchup com baixo teor de sódio adoçado com frutas
2 colheres (sopa) de molho inglês vegetariano
1 colher (chá) de molho picante
½ colher (chá) de fumaça líquida (opcional)
¼ de xícara de xarope de arroz integral
1 ¼ de xícara de proteína de soja texturizada granulada
   ou 360g de carne vegetal moída

Rendimento: 6 a 8 porções

Por porção:
calorias, 134;
proteínas, 8g;
gordura, 0g;
carboidratos, 24g;
fibras, 2g;
cálcio, 51mg;
sódio, 336mg.

1 Cozinhe em fogo brando na água a cebola, o pimentão e o alho até ficarem macios.

2 Acrescente o ketchup, o molho inglês, o molho picante, a fumaça líquida e o xarope de arroz integral. Cubra e continue a cozinhar.

3 Adicione a proteína de soja texturizada ou a carne vegetal moída, cubra e continue a cozinhar em fogo brando por 15 a 20 minutos.

4 Ajuste os temperos a gosto. Se necessário, acrescente mais líquido.

Sanduíche de Bife de Seitan e Queijo

Se você precisar satisfazer imediatamente sua vontade de comer, eis um de nossos sanduíches favoritos. Pessoalmente, eu também espalharia um pouco de mostarda moída e maionese sem ovo nos dois lados do pão.

1 colher (chá) de azeite de oliva extravirgem ou óleo de canola
1 pacote de 240g de pedaços de seitan de seu sabor favorito
    em fatias bem finas
4 fatias (90g) de mozarela ou cheddar de soja
1 cebola Vidalia ou amarela finamente fatiada
2 pães franceses integrais cortados ao meio no sentido
    do comprimento
2 folhas de alface-romana (opcional)
4 fatias de tomate (opcional)

Rendimento: 4 porções

Por porção:
calorias, 326;
proteínas, 27g;
gordura, 5g;
carboidratos, 44g;
fibras, 2g;
cálcio, 162mg;
sódio, 425mg.

1 Preaqueça o óleo em uma frigideira grande e salteie a cebola até dourar ligeiramente.

2 Acrescente as fatias de seitan e deixe no fogo até ficarem quentes.

3 Agrupe o seitan e as cebolas na frigideira e cubra com as fatias de queijo vegetariano. Tampe e deixe em fogo brando até o queijo derreter.

4 Sirva nos pães e guarneça como quiser.

Hambúrguer de Cogumelo Portobello

O cogumelo portobello é muito grande e tem a textura da carne, dando um ótimo sanduíche.

2 colheres (sopa) de azeite de oliva extravirgem
1 pimentão vermelho ou amarelo pequeno
1 colher (chá) de tomilho ou alecrim fresco picado
1 pitada de pimenta-de-caiena
4 cogumelos portobello bem lavados e sem os cabos
4 pãezinhos integrais
4 folhas de alface-romana
4 fatias de tomate grande maduro
1 pimentão amarelo ou vermelho assado, descascado
    e cortado em quatro partes

Rendimento: 4 porções

Por porção:
calorias, 209;
proteínas, 7g;
gordura, 7g;
carboidratos, 31g;
fibras, 4g;
cálcio, 64mg;
sódio, 250mg.

1 Preaqueça a churrasqueira em temperatura alta. Para dar mais sabor, acrescente algumas lascas úmidas de algarobeira.

2 Bata no liquidificador o azeite de oliva, o pimentão, o alho, as ervas e a pimenta-de-caiena.

3 Com uma colher pequena, raspe as lamelas da parte interna dos chapéus dos cogumelos. Pincele os dois lados dos cogumelos com a mistura de ervas.

4 Grelhe os cogumelos até ficarem macios, por três a quatro minutos de cada lado.

5 Preaqueça o forno a 200°C. Ponha os cogumelos em uma travessa, cubra e asse por mais 15 minutos.

6 Torre os pães e sirva com os cogumelos, a alface-romana, os tomates fatiados, a cebola, o pimentão assado e seus condimentos favoritos.

Sanduíches Deli Vegetarianos em Minutos

Esta parte é um tributo a meu bom amigo e apreciador de sanduíches, Julio Dilorio, que nunca parou de propor combinações deliciosas de sanduíches para minha equipe e eu fazer-mos para ele. Para todas as pessoas que detestam cozinhar, as duas receitas a seguir são sanduíches rápidos e fáceis. Quase todos os ingredientes podem ser comprados em fatias.

Churrasco de Seitan

1 pacote de 360g de seitan ao estilo de frango ou churrasco
   em fatias bem finas
¼ de xícara de Molho Barbecue (ver p. 77),
   ou de sua marca favorita
½ colher (chá) de molho picante
2 cebolinhas verdes cortadas em fatias bem finas

Rendimento: 3 a 4 porções

Por porção:
calorias, 111;
proteínas, 13g;
gordura, 0g;
carboidratos, 16g;
fibras, 7g;
cálcio, 89mg;
sódio, 577mg.

1 Salpique os dois molhos nas fatias de seitan e sirva quente ou frio em um pão árabe ou pãozinho de trigo integral, ou sobre arroz integral ou quinoa. Guarneça com as cebolinhas verdes fatiadas.

Pães e Sanduíches 123

Sloppy Joes Rápido

Esta é minha versão ultra-rápida do Sloppy Joes Vegetariano da p. 119. Sirva em um pão árabe ou outro tipo de pão de sua preferência, sobre seus cereais favoritos ou em uma batata assada.

½ xícara de caldo de vegetais
⅔ de xícara de ketchup com baixo teor de sódio
    adoçado com frutas ou seu favorito.
1 colher (chá) de molho inglês vegetariano
½ colher (chá) de molho picante
⅔ de proteína de soja texturizada granulada.

Rendimento: 4 porções

Por porção:
calorias, 86;
proteínas, 8g;
gordura, 0g;
carboidratos, 13g;
fibras, 1g;
cálcio, 41mg;
sódio, 328mg.

1 Ponha o caldo de vegetais, o ketchup, o molho inglês vegetariano e o molho picante em uma caçarola e deixe levantar fervura. Acrescente a proteína de soja texturizada, cubra e cozinhe em fogo brando por cerca de cinco minutos ou até ficar macia. Tempere a gosto e sirva.

Hambúrguer Vegetariano

Mais uma vez usamos proteína de soja texturizada para substituir a carne moída. Ela é rica em proteína, zinco e outros nutrientes importantes, e baixa em gordura e calorias. O que mais você poderia desejar em um alimento? Além disso, é muito barata. Este prato fica ótimo servido sozinho, como um ensopado, mas nós o preferimos sobre arroz integral, quinoa, painço e massas, ou como recheio para batatas assadas.

1 colher (chá) de óleo de canola ou azeite de oliva extravirgem
1 cebola Vidalia ou amarela picada
1 a 2 colheres (sopa) de alho bem picado
240g de cogumelos fatiados
2 colheres (sopa) de farinha integral para pastelaria
2 xícaras de caldo de legumes, caldo de cogumelos ou água
1 colher (sopa) de Bragg Liquid Aminos ou 2 colheres (chá)
   de tamari com baixo teor de sódio
1 ½ xícara de proteína de soja texturizada granulada
1 colher (sopa) de tomilho ou manjericão fresco picado
1 pitada de pimenta-de-caiena ou 1 colher (chá) de molho picante
1 xícara (chá) de brotos de ervilha ou milho debulhado, ou uma
   combinação de ambos

Rendimento: 4 porções

Por porção:
calorias, 208;
proteínas, 22g;
gordura, 2g;
carboidratos, 25g;
fibras, 7g;
cálcio, 111mg;
sódio, 268mg.

1 Aqueça o óleo em uma panela grande e salteie a cebola e o alho até dourarem ligeiramente.

2 Acrescente os cogumelos e cozinhe em fogo brando por cerca de três minutos, até ficarem macios.

3 Abaixe o fogo e acrescente a farinha aos poucos.

4 Aumente o fogo, adicione o caldo de vegetais e o Bragg e cozinhe em fogo brando até engrossar.

Pães e Sanduíches

5 Adicione a proteína de soja, o tomilho e a pimenta-de-caiena, e cozinhe em fogo brando por oito a dez minutos até os grânulos ficarem macios.

6 Adicione as ervilhas e/ou o milho e cozinhe em fogo brando por três minutos. Tempere a gosto e sirva.

Enrolado Vegetariano

Com a atual popularidade dos enrolados, eis um sanduíche colorido e nutritivo, divertido de fazer e comer.

3 xícaras de Homus, feito com pimentões vermelhos
　　assados (ver p. 26)
500g de espinafre lavado e sem os talos ou folhas de
　　alface-romana
3 tomates maduros cortados em fatias de 0,5cm
240g de cogumelos champignon cortados em fatias de 3mm
2 xícaras de cenouras cortadas em tiras
2 xícaras de brotos de alfafa
2 folhas de pão (à venda em lojas de produtos naturais)
　　ou tortillas

Rendimento: 2 enrolados
(6 a 8 porções)

Por porção:
calorias, 239;
proteínas, 8g;
gordura, 8g;
carboidratos, 35g;
fibras, 9g;
cálcio, 145mg;
sódio, 206mg.

1 Prepare o homus e as hortaliças e organize para a montagem.

2 Estenda uma das folhas de pão horizontalmente à sua frente.

3 Espalhe cerca de 1 ½ xícara do homus no pão.

4 Arrume o espinafre sobre o homus.

5 Ponha uma camada de cada um dos itens restantes no terço médio do pão.

6 Pegue com as duas mãos uma das pontas do pão e comece a enrolar. Talvez seja necessário ir acomodando as hortaliças enquanto enrola.

7 Quando acabar de enrolar, apare o excesso de hortaliças.

8 Corte o rolo em fatias de 2,5cm de espessura e sirva com mostarda moída, molho cremoso de alho ou molho de tahini e mostarda.

Pratos Principais

Massas

Variedades e métodos de cozimento

As massas nunca foram tão populares como são hoje em dia. Muitas pessoas as consomem três ou mais vezes por semana. Por esse motivo, considero útil apresentar algumas informações importantes que podem ajudá-lo a escolher a massa certa.

A massa que escolhemos no spa, e também neste livro, é de trigo integral não-enriquecido. Há muitas marcas ótimas no mercado. Quando você lê os rótulos das massas enriquecidas, vê que lhes foram acrescentadas as vitaminas do complexo B riboflavina, niacina, ácido fólico e tiamina para, como costumo dizer, "reenriquecê-las". Ao consumir massas integrais, obtemos mais valor nutricional na forma de proteínas e fibras agregadas, o que resulta em uma digestão melhor desses alimentos.

Há muitas variedades de massa integral à venda nas lojas de produtos naturais. A de quinoa é livre de trigo e provém de um dos grãos mais antigos conhecidos pelo homem. Quando cozida, fica de um tom amarelo-vivo, o que dá uma aparência única a qualquer apresentação da massa.

A massa de tremoços é feita com o grão do mesmo nome. Rica em proteína e com um sabor um pouco forte, não contém amido e, ao contrário de outras massas, não fica pegajosa depois de cozida.

Existem massas integrais produzida a partir de outros cereais, como amaranto, espelta e centeio. O soba é popular na cozinha oriental e feito apenas de trigo-sarraceno ou de uma combinação de trigo-sarraceno e trigo integral. Quando você experimentar essas massas de qualidade superior, nunca mais voltará a consumir as enriquecidas.

O preparo da massa é muito simples. Ponha-a na água quando levantar fervura e siga as instruções do fabricante sobre o tempo de cozimento. Eu não ponho mais sal ou óleo na água. Se você preparou um molho saboroso para servir com a massa, não precisa acrescentar sal para lhe dar mais sabor. Muitos cozinheiros recomendam o uso de óleo vegetal na água para evitar que a massa grude, mas esse método acrescenta gramas de gordura desnecessários a seu prato. Sugiro que você ponha a massa em um escorredor quando estiver com a consistência desejada e lhe dê um "choque" de água fria corrente, mexendo cuidadosamente com uma colher de pau ou espátula de borracha. Isso impede que a massa cozinhe mais e retira um pouco do amido. De vez em quando, borrife o escorredor com água fria para evitar que a massa grude. Não deixe a massa na água durante muito tempo porque isso afeta sua palatabilidade e textura. Para reaquecer, apenas mergulhe o escorredor em uma panela de água fervente por um minuto. Sacuda para retirar o excesso de água e sirva com seu molho favorito.

É assim que a maioria dos restaurantes reaquece suas massas – por que você deveria reaquecê-las de modo diferente em casa? Isso também lhe permite cozinhar a massa antes de o molho ficar pronto e reaquecê-la quando for necessário.

Cabelo-de-Anjo com Cogumelos Selvagens e Tomates Secos ao Pesto

Este é um de nossos pratos principais mais pedidos. Sinta-se à vontade para experimentar outras variedades de massas.

4 cogumelos portobello e/ou 250g de shitake

90g de tomates secos

360g de macarrão cabelo-de-anjo de sêmola de trigo integral ou durum

1 colher (chá) de óleo de canola ou azeite de oliva

1 colher (sopa) de alho bem picado

2 colheres (chá) de tomilho fresco picado

½ xícara de Molho Pesto (ver p. 82)

¼ de xícara de parmesão de soja ou arroz

1 raminho de manjericão para guarnecer

Rendimento: 4 porções

Por porção:
calorias, 409;
proteínas, 18g;
gordura, 18g;
carboidratos, 47g;
fibras, 1g;
cálcio, 12mg;
sódio, 240mg.

1 Retire os cabos dos cogumelos. Se estiver usando os do tipo portobello, raspe as lamelas da parte interna dos chapéus e corte-os em fatias de 0,5cm de espessura. Corte os shitakes ao meio.

2 Se necessário, amoleça os tomates secos em água quente suficiente para cobri-los. Em seguida, escorra e corte em fatias de 1,5cm.

3 Ponha uma panela de água para ferver e cozinhe a massa por quatro a cinco minutos ou até ficar *al dente*.

4 Coloque a massa em um escorredor, lave com água fria e reserve.

5 Aqueça o óleo em uma panela média e acrescente o alho, os cogumelos e o tomilho. Tampe e cozinhe até ficarem macios. Escorra todo o líquido que os cogumelos possam produzir.

Pratos Principais: Massas 133

6 Reaqueça a massa mergulhando rapidamente o escorredor em água fervente, e depois escorra.

7 Ponha a massa, os cogumelos escorridos, os tomates secos e o pesto em uma travessa grande.

8 Sirva a massa quente coberta de parmesão de soja e guarnecida com um raminho de manjericão.

Pasta E Fagioli (Sopa de Massa e Feijão)

Nesta versão vegetariana, substituímos a pancetta por salsicha de tofu – deliciosa!

2 colheres (chá) de azeite de oliva
1 cebola Vidalia ou amarela grande picada
2 colheres (sopa) de alho bem picado
1 lata de 360g de tomates em cubos
1L de água destilada ou pura
1 xícara de feijão-branco ou Great Northern que tenha
    ficado de molho em água fervente durante duas horas
4 salsichas italianas vegetarianas grelhadas e fatiadas
2 colheres (sopa) de manjericão fresco picado
1 pitada de pimenta-de-caiena
½ colher (chá) de sal marinho (opcional)
1 xícara de rigatoni ou penne

Rendimento: 4 a 6 porções

Por porção:
calorias, 231;
proteínas, 12g;
gordura, 4g;
carboidratos, 36g;
fibras, 7g;
cálcio, 73mg;
sódio, 145mg.

1 Aqueça o azeite de oliva em uma panela grande. Acrescente a cebola e a salteie até dourar ligeiramente.

2 Adicione o alho e continue a refogar por cerca de dois minutos. Junte os tomates e deixe em fogo brando durante cinco minutos.

3 Adicione a água e deixe ferver. Escorra os feijões, ponha na panela e cozinhe em fogo brando por 45 minutos, até ficarem macios.

4 Acrescente as fatias de salsicha, o manjericão, o sal, a pimenta-de-caiena e a massa e cozinhe por dez a 12 minutos até a massa ficar macia.

5 Tempere a gosto e sirva com um pouco de parmesão de soja ralado como guarnição.

Pratos Principais: Massas   135

Ziti Assado ao Molho Marinara sem Carne

É muito fácil copiar este clássico usando sua carne vegetal favorita ou proteína de soja texturizada granulada. Para variar, você também pode experimentar trocar os substitutos da carne por brócolis e cogumelos.

MOLHO MARINARA SEM CARNE
2 cebolas amarelas cortadas em cubos
1 colher (sopa) de alho bem picado
1 pimentão vermelho picado
1 pimentão amarelo picado
2 colheres (chá) de azeite de oliva extravirgem
1 lata de 360g de tomates em cubos ou 2 xícaras de
    tomates frescos cortados em cubos
1 lata de 360g de purê de tomate
2 colheres (sopa) de orégano (se possível, fresco e picado)
2 colheres (sopa) de manjericão fresco picado
2 folhas de louro
¼ de colher (chá) de pimenta-de-caiena
½ colher (chá) de sal marinho (opcional)
360g de carne vegetal moída ou 2 xícaras de grânulos
    reconstituídos de proteína de soja texturizada
500g de ziti
240g de mozarela de soja

Rendimento: 6 a 8 porções

Por porção:
calorias, 285;
proteínas, 24g;
gordura, 7g;
carboidratos, 36g;
fibras, 7g;
cálcio, 183mg;
sódio, 528mg.

1 Em uma panela grande e fogo médio, salteie as cebolas, o alho e os pimentões no azeite até ficarem macios.

2 Acrescente os demais ingredientes, cubra e cozinhe em fogo brando por cerca de uma hora, mexendo freqüentemente. Tempere a gosto.

3 Adicione a carne vegetal moída ou a proteína de soja texturizada às hortaliças e continue a cozinhar, mexendo de vez em quando, por dez a 15 minutos, até a carne vegetal ou os grânulos ficarem macios.

4 Preaqueça o forno a 200°C. Cozinhe o ziti seguindo as instruções da embalagem. Reserve em um escorredor.

5 Misture em uma tigela grande o molho sem carne e o ziti.

6 Ponha a mistura em uma assadeira de 25cm x 32,5cm e cubra com o queijo cortado em tiras.

7 Asse até o queijo ficar ligeiramente dourado e sirva.

Fettuccine Carbonara

Em outra tentativa de recriar um favorito nosso um tanto calórico, devemos encontrar alternativas ao bacon ou presunto, à nata e à manteiga. Isso não é fácil, mas você ficará surpreso com o resultado.

MOLHO ALFREDO
1 caixa de 370g de tofu extrafirme ou firme de sabor suave
2 xícaras de leite de arroz ou soja
1 colher (chá) de alho bem picado
¼ de colher (chá) de sal marinho (opcional)
1 pitada de noz-moscada moída
1 pitada de pimenta-de-caiena ou ½ colher (chá) de
    pimenta-do-reino recém-moída
¾ de xícara de parmesão de soja ou arroz
2 colheres (chá) de manjericão fresco picado
120 a 180g de tofu defumado
1 colher (chá) de azeite de oliva
2 colheres (chá) de alho bem picado
120g de shitakes ou outro cogumelo, sem os
    cabos e fatiados
1 xícara de brotos de ervilha ou vagem congelados
1 pacote de 240g de fettuccine, linguini ou penne

Rendimento: 3 a 4 porções

Por porção:
calorias, 504;
proteínas, 39g;
gordura, 15g;
carboidratos, 53g;
fibras, 6g;
cálcio, 87mg;
sódio, 991mg.

1 Bata bem no liquidificador o tofu, o leite de arroz, o alho, o sal, a noz-moscada, a pimenta-de-caiena e o parmesão. Acrescente o manjericão picado. Aqueça o molho lentamente em uma caçarola pequena. Não o ferva, porque pode talhar.

2 Pique o tofu defumado em pedaços de 1,5cm.

138   Dieta Vegetariana do Regency House Spa

3 Aqueça o azeite de oliva em uma frigideira, acrescente o alho e salteie até ficar ligeiramente dourado. Adicione os cogumelos e deixe-os no fogo até ficarem macios.

4 Cozinhe ligeiramente as ervilhas, tomando o cuidado de manter sua cor verde brilhante.

5 Cozinhe a massa seguindo as instruções da embalagem até ficar *al dente* e escorra.

6 Misture em uma panela grande a massa quente com o molho e todos os outros ingredientes. Aqueça em fogo brando e sirva com uma quantidade generosa de parmesão de soja ao lado. Fica uma delícia!

Macarrão ao Estilo *Pad Thai* com Molho de Amendoim

O molho de amendoim representa uma variação rica em proteína e picante das receitas de massas tradicionais. O acompanhamento perfeito para este prato de massa é Brócolis com Alho e Coco ao Molho Tamari (ver p. 237).

240g de linguini ou macarrão de arroz
2 abobrinhas
2 cenouras
3 cebolinhas verdes cortadas em fatias finas
1 xícara de brotos de ervilha descongelados
1 ½ xícara de Molho Thai Picante de Amendoim (ver p. 141)

Rendimento: 3 a 4 porções

Por porção:
calorias, 433;
proteínas, 10g;
gordura, 9g;
carboidratos, 75g;
fibras, 6g;
cálcio, 52mg;
sódio, 237mg.

1 Cozinhe a massa seguindo as instruções da embalagem e reserve.

2 Enquanto a massa estiver cozinhando, abra a abobrinha ao meio no sentido do comprimento, retire as sementes com uma colher e corte em fatias de 1,5cm de espessura.

3 Descasque e corte as cenouras em palitos de 5 x 1,5cm.

4 Cozinhe as hortaliças no vapor por quatro a cinco minutos, até ficarem macias.

5 Enquanto as hortaliças estiverem cozinhando, prepare o molho de amendoim em uma panela grande. Se você preferir um molho menos consistente, acrescente mais água.

6 Em fogo médio, misture a massa e as hortaliças ao molho de amendoim. Sirva quando estiver quente.

Molho Thai Picante de Amendoim

Este molho é excelente em espetinhos de legumes, massas, grãos ou qualquer prato indonésio salteado.

1 xícara de água destilada ou pura

⅓ de xícara de manteiga de amendoim com baixo teor de sódio, se disponível

1 colher (chá) de alho bem picado

2 colheres (chá) de missô amarelo

½ colher (chá) de pasta de chili Thai ou ⅛ de colher (chá) de pimenta-de-caiena

Rendimento: 1 ½ xícara

Por 1/3 de xícara:
calorias, 140;
proteínas, 7g;
gordura, 9g;
carboidratos, 6g;
fibras, 2g;
cálcio, 9mg;
sódio, 152mg.

1 Ponha metade da água e os demais ingredientes em uma caçarola, em fogo brando.

2 Acrescente a água restante até o molho ficar com a consistência desejada.

3 Tempere a gosto e sirva quente.

Penne com Hortaliças Grelhadas ao Pesto

3 cogumelos portobello
1 berinjela sem cabo, cortada em fatias de 1,5cm
2 colheres (sopa) de azeite de oliva
1 colher (sopa) de alho bem picado
2 colheres (sopa) de manjericão ou orégano fresco picado
2 colheres (chá) de Bragg Liquid Aminos
½ xícara de Molho Pesto (ver p. 82)
240g de penne ou outra massa de sua preferência
¼ de xícara de parmesão de soja ou arroz

Rendimento: 3 a 4 porções

Por porção:
calorias, 368;
proteínas, 11g;
gordura, 25g;
carboidratos, 28g;
fibras, 4g;
cálcio, 16mg;
sódio, 355mg.

1 Retire os cabos dos cogumelos e raspe as lamelas da parte interna dos chapéus.

2 Preaqueça o forno elétrico a 280°C. Ponha os cogumelos com os chapéus virados para cima e as fatias de berinjela em uma assadeira levemente untada com óleo de canola.

3 Faça uma marinada batendo no liquidificador o azeite de oliva, o alho, o manjericão ou orégano e o Bragg até a mistura ficar homogênea. Pincele as hortaliças com a marinada, ponha na grade superior do forno elétrico e grelhe por cerca de 12 minutos até a berinjela ficar bem dourada, mas não queimada.

4 Deixe as hortaliças esfriarem um pouco e depois as corte em quadrados de 4cm.

5 Prepare o molho pesto e reserve à temperatura ambiente.

6 Cozinhe a massa por cerca de oito minutos ou até ficar *al dente*, e escorra.

7 Em uma panela ou tigela grande, misture o molho pesto com a massa e acrescente as hortaliças. Reaqueça se necessário e sirva com uma porção generosa de parmesão de soja.

Orzo à Siciliana

Orzo é uma massa com formato de arroz que cozinha em seis a oito minutos. É popular na cozinha grega e uma ótima variação da massa tradicional. Este prato também pode ser servido como salada fria.

3L de água destilada ou pura

500g de orzo de trigo integral ou de três cores,
   ou outra massa pequena

500g de champignon

3 colheres (sopa) de manjericão fresco picado

1 colher (sopa) de alho bem picado

3 colheres (sopa) de azeite de oliva
   extravirgem

¼ de colher (chá) de sal marinho
   (opcional)

1 pitada de pimenta-de-caiena

120g de tomates secos amolecidos em água
   quente e picados em fatias de 1,5cm

¼ de xícara de azeitonas pretas fatiadas

¼ de xícara de azeitonas verdes recheadas
   com pimentão vermelho

¼ de xícara de alcaparras (opcional)

⅓ de xícara de parmesão de soja ralado

Rendimento: 6 a 8 porções

Por porção:
calorias, 189;
proteínas, 7g;
gordura, 8g;
carboidratos, 21g;
fibras, 4g;
cálcio, 20mg;
sódio, 303mg.

1 Ferva a água, acrescente a massa e mexa sem parar. Cozinhe por seis a oito minutos ou até ficar *al dente*. Cozinhe os cogumelos no vapor e reserve.

2 Coloque a massa em um escorredor, enxágue com água fria e escorra. Para reaquecer o orzo, despeje água fervente por cima e escorra bem.

3 Prepare um molho batendo no liquidificador o manjericão, o alho, o azeite de oliva, o sal e a pimenta-de-caiena até a mistura ficar homogênea.

4 Esquente a massa com o molho em uma panela grande e acrescente os demais ingredientes.

5 Sirva guarnecida com parmesão de soja e um raminho de manjericão.

Lasanha de Espinafre com Legumes Grelhados

Se você gosta de usar o grill, certamente apreciará esta lasanha com baixo teor de gordura.

6 xícaras de Molho Marinara (ver p. 79)
1 berinjela
3 abobrinhas
3 morangas
¼ de xícara de azeite de oliva extravirgem
2 colheres (chá) de alho bem picado
1 pimentão amarelo ou vermelho pequeno cortado
   em quatro pedaços
1 colher (sopa) de sal marinho (opcional)
1 pitada de pimenta-de-caiena
1 pimentão vermelho grande
480g de massa de espinafre para lasanha ou de outro tipo
240g de mozarela de soja cortada em tiras
30g de parmesão de soja

Rendimento: 6 a 8 porções

Por porção:
calorias, 236;
proteínas, 12g;
gordura, 13g;
carboidratos, 19g;
fibras, 5g;
cálcio, 204mg;
sódio, 364mg.

1 Tenha o molho marinara pronto e reservado.

2 Descasque a berinjela e retire os cabos das abobrinhas e abóboras-morangas. Corte-as no sentido do comprimento em fatias de 1,5cm.

3 Preaqueça o grill em temperatura alta.

4 Bata no liquidificador o azeite de oliva, o alho, o pimentão amarelo ou vermelho, o orégano, o sal e a pimenta-de-caiena. Pincele os legumes fatiados com um pouco de azeite adicional.

5 Ponha os legumes no grill até ficarem com marcas escuras. Então vire-os e grelhe do outro lado. Se você preferir usar o forno, preaqueça-o na temperatura própria para grelhar. Ponha

Pratos Principais: Massas 145

os legumes em uma assadeira, pincele com a mistura de azeite de oliva e grelhe na grade superior por cerca de 15 minutos até dourar. Retire e esfrie os legumes antes de continuar.

6 Asse o pimentão vermelho até a casca tostar; retire-a e corte o pimentão em fatias de 1,5cm de espessura.

7 Preaqueça o forno a 200°C.

8 Cubra o fundo de uma assadeira de 25cm x 32,5cm com 2 xícaras de molho marinara.

9 Cubra o molho com massa crua de lasanha, sobrepondo-a ligeiramente.

10 Espalhe uniformemente a berinjela grelhada sobre a massa e cubra com um pouco de molho.

11 Arrume outra camada de massa sobre a berinjela, sobrepondo-a ligeiramente, e cubra com um pouco de molho.

12 Espalhe uniformemente a abobrinha sobre a massa e cubra com mais massa e molho.

13 Espalhe uniformemente a abóbora grelhada sobre a massa.

14 Espalhe uniformemente a mozarela de soja sobre a abobrinha, seguida das fatias de pimentão vermelho.

15 Cubra a lasanha com filme plástico, depois com papel-alumínio, e asse por uma hora. Retire a lasanha.

16 Descubra e polvilhe cuidadosamente a lasanha de parmesão de soja. Volte a assar na grade superior até dourar. Retire e deixe esfriar por cerca de dez minutos. Isso permite à lasanha "assentar" bem para ser servida.

14 Depois de cortar a lasanha, solte-a das bordas da travessa antes de servir.

Lasanha de Tofu e Legumes

O aspecto bom desta lasanha (além de seu teor mais baixo de gordura e calorias) é que é muito fácil de montar. Você não precisa cozinhar a massa esperando que seja suficiente para encher a travessa. Use-a direto da caixa. A equipe de cozinha aqui no Regency ainda vibra com isso.

Recheio de tofu
1kg de tofu firme
2 colheres (sopa) de tahini
2 colheres (sopa) de missô amarelo
120g de mozarela de soja cortada em tiras

flores de 1 pé de brócolis
1 xícara de cenouras cortadas em tiras finas
250g de espinafre fresco lavado, sem os talos e picado
1 abobrinha e/ou moranga cortada em quatro partes e
    em fatias de 1,5cm de espessura
240g de cogumelos cortados em fatias de 1,5cm de espessura
1 colher (chá) de manjericão fresco picado grosseiramente

1 ½ de Molho Marinara, (ver p. 79)
480g de massa para lasanha de trigo integral ou sêmola de trigo
240g de mozarela de soja cortada em tiras
30g de parmesão de soja ou arroz

Rendimento: 8 a 10 porções

Por porção:
calorias, 426;
proteínas, 34g;
gordura, 17g;
carboidratos, 39g;
fibras, 8g;
cálcio, 472mg;
sódio, 502mg.

1 Prense o tofu para retirar o excesso de água enrolando-o em um pano de prato limpo e pondo uma panela ou um prato pesado por cima durante uma hora. Em seguida, esmigalhe-o ou corte em cubos.

2 Bata o tofu, o tahini, o missô e a mozarela de soja no processador de alimentos ou aos poucos no liquidificador até ficarem cremosos.

3 Cozinhe os brócolis e as cenouras no vapor durante três minutos.

4 Misture todos os ingredientes do recheio e reserve.

5 Preaqueça o forno a 200°C. Você precisará de uma assadeira de 25 x 32,5cm com no mínimo 6,5cm de profundidade.

6 Cubra o fundo da assadeira com cerca de 2 xícaras de molho marinara.

7 Cubra o molho com cerca de 5 pedaços de massa crua de lasanha, sobrepondo-a ligeiramente.

8 Espalhe um pouco mais de molho sobre a massa.

9 Ponha uniformemente metade da mistura de legumes e tofu sobre a massa, apertando bem.

10 Ponha mais uma camada de lasanha sobre a mistura de legumes e tofu, como foi feito com a primeira camada. Se você precisar quebrar a massa para encaixá-la na assadeira, faça isso, mas lembre-se de sobrepô-la.

11 Despeje uniformemente uma camada generosa de molho marinara sobre a camada de cima da massa.

12 Cubra a lasanha com filme plástico, depois com papel-alumínio, e asse por cerca de 75 minutos.

13 Descubra cuidadosamente e polvilhe a lasanha de mozarela de soja e, em seguida, de parmesão. Volte a assar na grade superior do forno por cerca de dez minutos até o queijo ficar ligeiramente dourado. Retire e deixe esfriar por cerca de dez minutos. Isso permite à lasanha "assentar" bem para ser servida.

14 Depois de cortar a lasanha, solte-a das bordas da travessa antes de servir.

Tofu

Introdução ao tofu

O tofu é feito coalhando-se o leite de soja coado de uma mistura de grãos de soja moídos e cozidos em grande quantidade de água. Como tem um sabor suave e pode adquirir facilmente outros sabores, é ideal para ser usado em pratos principais vegetarianos e também em saladas, molhos e sobremesas. Se você congelar, descongelar e, em seguida, prensar para secar, o tofu adquire uma textura parecida com a da carne, perfeita para chilis ou hambúrgueres.

Há dois tipos de tofu: o comum e o suave. Ambos são apresentados nas densidades firme e extrafirme. Para bifes e refogados, recomenda-se o tofu comum extrafirme ou firme. A textura cremosa do tofu suave o torna esplêndido em molhos e sobremesas.

Uma porção de 120g de tofu contém cerca de 120 calorias e 6g de gordura. Contudo, menos de 0,5g dessa gordura é saturada. O tofu comum de baixa gordura contém ainda menos gordura. Além disso, o tofu é rico em proteínas, pobre em sódio e consiste em uma boa fonte de ferro, cálcio, potássio e vitaminas B e E.

Na maioria das vezes, o tofu comum é vendido em bandejas seladas a vácuo cheias de água e com os prazos de validade estampados. Algumas pessoas preferem escorrer e prensar o tofu para extrair-lhe a água antes de cozinhar. Para fazer isso, escorra o tofu e enrole em toalhas de papel ou panos de prato. Desenrole e ponha o tofu em um coador com uma tigela em baixo. Para prensá-lo, ponha outra tigela ou panela em cima com algo pesado – como um melão ou um livro – dentro.

Mantenha assim por cerca de uma hora. Então você poderá cortar o tofu em fatias para grelhar, em cubos para refogar, esmigalhar ou amassar para preparar lasanha, saladas, legumes recheados ou molhos cremosos. Se você não usar todo o tofu de uma vez, cubra com água e leve à geladeira. Se mudar a água todos os dias, o tofu deverá se conservar bem por sete a dez dias.

O tofu suave só precisa ser retirado da embalagem e levemente enxugado antes de ser usado em molhos quentes ou frios. Se vier em uma embalagem asséptica, não precisará ser mantido na geladeira antes de aberto. Também há variedades de tofu suave com baixo teor de gordura.

Se você está preocupado com a idéia de comprar tofu guardado em recipientes abertos com água (como freqüentemente é o caso nos armazéns orientais), certifique-se de que o ambiente apresenta boas condições de higiene e o tofu é mantido a uma temperatura abaixo de 10ºC. Então você poderá comprá-lo com tranquilidade. Caso contrário, uma alternativa mais segura é o tofu selado, à venda na seção de produtos congelados da maioria das lojas de produtos naturais e supermercados tradicionais.

Há muitas receitas de tofu neste livro, de enchiladas a creme chantili. Estou certo de que você encontrará várias favoritas e muito em breve se tornará um aficionado de tofu!

Quiche de Brócolis e Cheddar

Este prato é um ótimo complemento para um lanche de domingo ou jantar.

½ xícara de caldo de vegetais

1 cebola Vidalia ou amarela cortada em cubos

2 colheres (chá) de alho bem picado

Flores de ½ pé de brócolis com um pouco das hastes inferiores fatiadas

1 massa para torta de farinha integral ou arroz

500g de tofu comum prensado

1 colher (sopa) de Bragg Liquid Aminos

2 colheres (sopa) de suco de limão

1 ½ colher (sopa) de mostarda moída

1 colher (chá) de curry em pó (se você gostar apimentado)

120g de cheddar de soja ou outra variedade de queijo, cortado em tiras

Rendimento: 6 porções

Por porção:
calorias, 314;
proteínas, 15g;
gordura, 19g;
carboidratos, 25g;
fibras, 5g;
cálcio, 196mg;
sódio, 251mg.

1 Preaqueça o forno a 190ºC.

2 Aqueça o caldo de vegetais em uma caçarola com a cebola, o alho e os brócolis. Cozinhe em fogo brando por seis a oito minutos, ou até os brócolis ficarem macios. Retire do fogo e deixe esfriar.

3 Enquanto os brócolis estiverem cozinhando, pré-asse a massa para torta durante cerca de cinco minutos, e reserve.

4 Parta o tofu em pedaços e bata no processador de alimentos com o Bragg, o suco de limão, a mostarda e o curry até a mistura ficar cremosa. Se parecer muito grossa e pesada, salpique um pouco do caldo de vegetais e ponha novamente no processador.

5 Em uma tigela grande, acrescente as hortaliças cozidas à mistura de tofu. Com uma espátula de borracha, passe uniformemente essa mistura na massa para torta pré-assada.

6 Cubra a mistura com o cheddar de soja em tiras. Coloque na grade inferior do forno e asse por 35 a 40 minutos, ou até um palito inserido no centro sair limpo e a quiche apresentar-se firme ao toque. Deixe esfriar durante cinco minutos antes de cortar.

Tofu Benedict sem Ovos

Este prato, livre de ovos – e manteiga –, é nutritivo e delicioso no café da manhã ou lanche.

500g de tofu extrafirme
¼ de xícara de suco de limão fresco
¼ de xícara de azeite de oliva extravirgem
  colher (sopa) de Bragg Liquid Aminos
4 muffins integrais abertos ao meio ou 4 fatias de
  pão integral torradas
2 tomates maduros cortados em fatias
  de 0,5cm de espessura
1 ½ xícara de Falso Molho Bearnaise (ver p. 81)

Rendimento: 4 porções

Por porção:
calorias, 392;
proteínas, 15g;
gordura, 20g;
carboidratos, 35g;
fibras, 4g;
cálcio, 155mg;
sódio, 519mg.

1 Escorra e prense o tofu durante uma hora. Corte em quatro fatias.

2 Prepare uma marinada batendo no liquidificador o suco de limão, o azeite de oliva e o Bragg. Despeje a marinada sobre as fatias de tofu.

3 Preaqueça o forno para grelhar. Deixe o tofu marinando enquanto o forno estiver esquentando.

4 Se o Molho Bearnaise não estiver quente, aqueça-o em uma caçarola em fogo brando.

5 Retire as fatias de tofu da marinada, ponha em uma assadeira e grelhe na grade superior do forno.

6 Quando o tofu estiver um pouco dourado, retire-o do forno.

7 Ponha em um prato duas metades de muffin ou um pedaço de pão integral.

8 Cubra o muffin ou pão integral com uma fatia de tofu.

9 Coloque por cima duas ou três fatias de tomate.

10 Despeje com uma colher cerca de ¼ de xícara do molho Bearnaise quente sobre os tomates e sirva.

Berinjela ao Parmesão

Este prato é menos gorduroso do que o de berinjela ao parmesão tradicional, e livre de colesterol. Além disso, fica mais fácil prepará-lo quando a berinjela é assada no forno.

Recheio de tofu
750g de tofu firme
2 colheres (sopa) de tahini
2 colheres (sopa) de missô amarelo
1 colher (sopa) de manjericão fresco ou salsa picada
120g de mozarela de soja cortada em tiras

3 berinjelas
2 xícaras de farinha de trigo integral
½ xícara de substituto de ovo
1 ½ xícara de água
4 xícaras de farinha de rosca feita de trigo integral
2 colheres (sopa) de orégano seco
¼ de xícara de óleo de canola
6 xícaras de Molho Marinara (p. 79) ou seu molho
    marinara favorito
240g de mozarela de soja cortada em tiras
½ xícara de parmesão de soja ralado

Rendimento: 8 a 12 porções

Por porção:
calorias, 467;
proteínas, 32g;
gordura, 22g;
carboidratos, 40g;
fibras, 9g;
cálcio, 390mg;
sódio, 626mg.

1 Escorra e prense o tofu durante uma hora para retirar o excesso de água. Bata no liquidificador ou processador de alimentos com os demais ingredientes para preparar o recheio. Reserve.

2 Descasque e corte as berinjelas no sentido do comprimento em fatias de 1,5cm de espessura.

154 Dieta Vegetariana do Regency House Spa

3 Coloque a farinha de trigo integral em uma tigela. Misture o substituto de ovo e a água em outra tigela e a farinha de rosca e o orégano em uma terceira tigela.

4 Passe as fatias de berinjela na farinha de trigo integral e depois mergulhe-as na mistura do substituto de ovo. Cubra as fatias com a mistura de farinha de rosca e as coloque lado a lado em uma assadeira.

5 Em uma frigideira levemente untada com óleo de canola, doure as fatias de berinjela em fogo médio até ficarem crocantes dos dois lados. (Para assá-las, ponha-as em uma assadeira untada, na grade inferior do forno, por cerca de 20 minutos, até dourarem.)

6 Preaqueça o forno a 200°C.

7 Cubra o fundo de uma assadeira de 25 x 32,5cm com 1 xícara do molho marinara.

8 Arrume as fatias de berinjela lado a lado sobre o molho.

9 Cubra-as totalmente com a mistura de tofu.

10 Espalhe uniformemente 1 xícara de Molho Marinara sobre a mistura de tofu.

11 Cubra o molho com mais fatias de berinjela, cortando pedaços, se necessário, para fazê-las se encaixarem.

12 Espalhe mais 2 xícaras de Molho Marinara sobre a berinjela.

13 Polvilhe de mozarela de soja e a seguir de parmesão. Asse sem tampa na grade inferior do forno por 35 a 40 minutos, ou até ficar ligeiramente dourado.

14 Retire a assadeira do forno e deixe esfriar por cinco minutos antes de fatiar. Sirva com o restante do Molho Marinara.

Pratos Principais: Tofu   155

Rollatini de Berinjela ao Molho Marinara

Este prato de baixa caloria é delicioso e fácil de preparar.

2 colheres (sopa) de azeite de oliva extravirgem
1 colher (sopa) de manjericão fresco picado
1 colher (chá) de alho bem picado
1 colher (sopa) de Bragg Liquid Aminos
2 berinjelas grandes sem os cabos e as extremidades,
   cortadas no sentido do comprimento em fatias
   de 1,5cm (2 fatias por pessoa)
500g de tofu firme ou extrafirme prensado
1 colher (sopa) de missô branco ou amarelo
1 colher (sopa) de tahini
180g de mozarela de soja cortada em tiras
1 xícara de espinafre fresco picado
2 xícaras de molho marinara

Rendimento: 6 porções

Por porção:
calorias, 237;
proteínas, 11g;
gordura, 9g;
carboidratos, 23g;
fibras, 6g;
cálcio, 266mg;
sódio, 470mg.

1 Preaqueça o forno a 260°C.

2 Bata no liquidificador o azeite de oliva, o manjericão e o Bragg.

3 Coloque as berinjelas em uma assadeira levemente untada e pincele com a mistura de azeite.

4 Ponha na grade superior do forno e asse por cerca de 12 minutos, ou até as berinjelas adquirirem um tom dourado médio. Retire do forno e deixe esfriar. Reduza a temperatura para 200°C.

5 Bata no liquidificador ou processador de alimentos o tofu, o missô, o tahini e ⅔ de xícara do queijo em tiras até a mistura ficar cremosa. Passe-a para uma tigela pequena e acrescente o espinafre. Forre uma travessa com uma camada generosa de molho marinara.

6 Para montar, vire as fatias de berinjela em uma mesa limpa com o lado cozido para baixo. Ponha uma colher (sopa) cheia da mistura de tofu no centro de cada fatia e enrole para fechar. Coloque as fatias enroladas lado a lado na travessa e cubra com o restante do molho marinara.

7 Cubra com o restante do queijo de soja, ponha na grade inferior do forno e asse por 18 a 20 minutos até o queijo ficar ligeiramente dourado. Sirva com cabelo-de-anjo ou legumes cozidos no vapor.

Enchiladas de Três Feijões

Se você estiver tentando convencer alguém que reluta em experimentar tofu a comê-lo pela primeira vez, este é o prato perfeito. Se você dispuser de pouco tempo, pode usar feijão em lata.

RECHEIO DE FEIJÃO
⅓ de xícara de feijão rajado ou feijão-vermelho
⅓ de xícara de feijão-preto
1 ½ L de água destilada ou pura
2 folhas de louro
1 colher (sopa) de alho bem picado
2 colheres (sopa) de cominho moído
⅛ de colher (chá) de pimenta-de-caiena
1 colher (chá) de sal marinho (opcional)
250g de tofu extrafirme
1 abobrinha
1 xícara de milho
120g de cheddar de soja cortado em tiras
120g de Monterey Jack de soja com jalapeño, cortado em tiras
6 tortillas integrais de 20cm
4 xícaras de Molho de Enchilada (ver p. 160)

Rendimento: 4 a 6 porções

Por porção:
calorias, 358;
proteínas, 14g;
gordura, 4g;
carboidratos, 64g;
fibras, 11g;
cálcio, 114mg;
sódio, 218mg.

1 Cate e lave os feijões. Deixe-os de molho em água fervente suficiente para cobri-los durante uma a duas horas.

2 Ferva a água destilada em uma panela grande. Escorra e acrescente os feijões.

3 Adicione as folhas de louro e os demais ingredientes do recheio. Cozinhe por uma hora ou até os feijões ficarem macios.

4 Escorra e reserve os feijões até esfriarem.

5 Escorra e prense o tofu por cerca de uma hora para retirar o excesso de água. Corte em cubos de 0,5cm e reserve.

6 Abra a abobrinha ao meio no sentido do comprimento, retire as sementes com uma colher e corte em cubos de 0,5cm.

7 Preaqueça o forno a 400°C.

8 Em uma tigela média, misture os feijões, o tofu, os cubos de abobrinha, o milho, 1 xícara do molho de enchilada e metade dos queijos.

9 Cubra o fundo de uma assadeira com uma camada de molho de enchilada.

10 Ponha a tortilla em um prato. Com o auxílio de uma colher, ponha no centro cerca de ⅔ de xícara da mistura de feijões e tofu. Dobre um lado da tortilla e enrole para fechar. Coloque na assadeira em cima do molho.

11 Faça o mesmo com todas as tortillas. Cubra com o restante do molho.

12 Cubra as enchiladas com o restante do queijo e asse sem tampa na grade inferior do forno por 20 a 25 minutos até o queijo derreter, sem deixar que fique escuro.

13 Retire do forno e sirva quente com salsa mexicana e guacamole. Guarneça com azeitonas pretas, fatias de jalapeño e creme azedo de leite de soja ou arroz, se gostar.

Pratos Principais: Tofu

Molho de Enchilada

2 colheres (chá) de azeite de oliva extravirgem

1 cebola Vidalia ou amarela picada

2 colheres (sopa) de alho bem picado

1 pimentão vermelho picado

3 colheres (sopa) de farinha de trigo integral

3 colheres (sopa) de chili em pó

1 lata de 240g de purê de tomate

1 xícara de caldo de legumes ou água

2 colheres (sopa) de vinagre de maçã

2 colheres (chá) de cominho moído

1 colher (sopa) de coentro fresco picado

1 pitada de pimenta-de-caiena

½ colher (chá) de sal marinho (opcional)

Rendimento: cerca de 1L

Por porção:
calorias, 84;
proteínas, 2g;
gordura, 2g;
carboidratos, 13g;
fibras, 3g;
cálcio, 21mg;
sódio, 26mg.

1 Aqueça o azeite de oliva em uma caçarola e salteie a cebola e o alho até ficarem ligeiramente dourados.

2 Acrescente o pimentão e continue a cozinhar por cerca de três minutos.

3 Abaixe o fogo e adicione aos poucos a farinha e o chili em pó.

4 Acrescente os demais ingredientes, temperando a gosto.

5 Cubra e cozinhe em fogo brando por cerca de 20 minutos, mexendo de vez em quando. Se restarem caroços, dissolva-os com uma batedeira de mão.

Bifes de Tofu Grelhados

A churrasqueira acrescenta uma dimensão deliciosa à cozinha vegetariana, como demonstra esta receita. Se você não tiver uma, prepare a receita grelhada com um pouco de óleo de gergelim torrado e salpique com a marinada enquanto doura.

500g de tofu extrafirme
½ xícara de Vinagrete Oriental, (ver p. 64),
    Molho Barbecue, (ver p. 77),
    marinada ou o molho com baixo teor de sódio
    de sua preferência

Rendimento: 4 porções

Por porção:
calorias, 125;
proteínas, 9g;
gordura, 5g;
carboidratos, 10g;
fibras, 1g;
cálcio, 130mg;
sódio, 249mg.

1 Escorra e prense o tofu durante uma hora para retirar o excesso de água. Seque batendo de leve com uma toalha antes de fatiar.

2 Corte o tofu em fatias de 1,5cm de espessura.

3 Despeje em um recipiente não-metálico uma quantidade suficiente de marinada para cobrir o fundo. Ponha as fatias de tofu no recipiente e cubra com mais marinada.

4 Deixe o tofu marinando por duas horas na geladeira.

5 Aqueça a churrasqueira na temperatura máxima durante cerca de cinco minutos.

6 Unte a grelha com um pouco de óleo de canola e asse as fatias de tofu dos dois lados até ficarem com as marcas da grelha.

7 Sirva com um pouco do restante da marinada sobre as fatias.

Tofu Mexido

Este é nosso substituto nutritivo para os ovos mexidos. Fica ótimo em um café-da-manhã rápido ou como um prato rico em proteínas em qualquer refeição. Seja criativo experimentando outras hortaliças e ervas ao preparar este prato! O tofu mexido combina bem com pão árabe integral, brotos e tomates, ou Batata *Lyonnaise*. Servido frio, pode se tornar uma salada de ovos sem produtos derivados de animais. Para uma versão latina, guarneça-o com salsa mexicana e guacamole, ou creme azedo de leite de soja ou arroz, e enrole em uma tortilla de trigo integral ou milho.

500g de tofu extrafirme
1 cebola amarela pequena
1 pimentão vermelho pequeno
¼ de xícara de caldo de legumes ou água destilada,
    ou 1 colher (chá) de óleo de canola
1 xícara de cogumelos fatiados (opcional)
1 colher (chá) de alho bem picado
1 a 2 colheres (chá) de curry em pó, ou ½ colher
    (chá) de açafrão-da-terra (se você achar
    o curry muito picante)
1 colher (sopa) de Bragg Liquid Aminos,
    ou 1 colher (chá) de tamari ou molho de soja

Rendimento: 3 a 4 porções

Por porção:
calorias, 122;
proteínas, 10g;
gordura, 5g;
carboidratos, 7g;
fibras, 1g;
cálcio, 149mg;
sódio, 200mg.

1 Escorra e prense o tofu durante uma hora para retirar o excesso de água. Esmigalhe ou amasse com um espremedor de batatas.

2 Pique a cebola e os pimentões. Se usar cebolinha verde, lave e corte em fatias de 1,5cm.

3 Aqueça uma frigideira de tamanho médio em temperatura média-alta e acrescente o caldo de vegetais, a água ou o óleo de canola.

3 Adicione as hortaliças e cozinhe no vapor ou salteie até ficarem macias.

4 Acrescente o tofu e os demais ingredientes e esquente, mexendo de vez em quando com uma colher de pau ou espátula. Escorra o excesso de líquido e sirva.

Almôndegas de Tofu

Até mesmo os hóspedes que não gostavam de tofu acharam estas almôndegas deliciosas. Se você tiver uma concha para sorvete, será muito fácil fazê-las de tamanho uniforme.

1 kg de tofu extrafirme
1 cebola amarela
1 pimentão vermelho
2 colheres (chá) de azeite de oliva, ou ¼ de xícara de caldo de legumes
1 colher (sopa) de alho bem picado
1 colher (sopa) de orégano fresco
2 colheres (chá) de tomilho fresco picado
⅛ de colher (chá) de pimenta-de-caiena
2 colheres (sopa) de tamari ou molho de soja

Rendimento: 4 a 6 porções

Por porção:
calorias, 172;
proteínas, 14g;
gordura, 9g;
carboidratos, 7g;
fibras, 1g;
cálcio, 201mg;
sódio, 416mg.

1 Escorra e prense o tofu durante uma hora para retirar o excesso de água.

2 Corte a cebola e o pimentão em cubos de 1,5cm.

3 Aqueça o óleo ou a água em uma frigideira média e salteie ou cozinhe as hortaliças no vapor até ficarem douradas ou macias.

4 Amasse ou esmigalhe bem o tofu em uma tigela.

5 Acrescente os legumes e os demais ingredientes e misture bem.

6 Preaqueça o forno a 220°C.

7 Unte levemente uma assadeira com óleo de canola. Pegue com uma colher cerca de ¼ de xícara da mistura de tofu e molde uma bola com as mãos. Ponha na assadeira e faça o mesmo com o restante da mistura.

8 Asse as bolas de tofu por 45 minutos, ou até dourarem. Sirva com a massa e o molho de sua preferência, ou purê de batata com alho e molho.

Da esquerda para a direita (no sentido horário): Salada Caesar; Conserva de Milho e Feijão-Preto; Caviar de Berinjela, cercado de pimentões assados, corações de alcachofra, palmito e verduras variadas.

Da esquerda para a direita (no sentido horário): Sopa de Feijão-Preto e Branco; Sopa de Tortilla Mexicana; Sopa Primavera de Legumes.

Os pães feitos em casa são um modo delicioso de acrescentar às suas refeições os benefícios dos grãos integrais e das sementes. Use pães árabes com vários recheios, e experimente a Focaccia, mostrada no topo.

Da esquerda para a direita (no sentido horário): Hambúrguer de Cogumelo Portobello; Lasanha de Tofu e Legumes; Cabelo-de-Anjo com Cogumelos Selvagens e Tomates Secos ao Pesto.

No sentido horário a partir de cima: Bifes de Tofu Grelhados; Tofu Mexido; Almôndegas de Tofu.

Quesadillas de legumes, feitas com Legumes Grelhados, pimentões vermelhos assados e queijos de soja livres de gordura. (Veja também Quesadillas de Milho e Feijão-Preto.)

Sushi de Legumes.

Strudel de Manga e Frutas Silvestres.

Pão de Tofu Substituto do Peru do Dia de Ação de Graças

O tofu congelado dá a este prato uma surpreendente textura de carne. O fermento nutricional é rico em proteínas e todos os aminoácidos essenciais.

500g de tofu extrafirme
2L de água fervente
2 colheres (sopa) de tamari ou molho de soja com baixo teor de sódio
¼ de xícara de água
½ xícara de fermento nutricional
1 colher (sopa) de alho em pó
1 colher (chá) de óleo de canola

Rendimento: 3 a 4 porções

Por porção:
calorias, 173;
proteínas, 17g;
gordura, 7g;
carboidratos, 10g;
fibras, 1g;
cálcio, 176mg;
sódio, 375mg.

1 Escorra e prense o tofu para retirar o excesso de água, cubra com filme plástico e congele por no mínimo 24 horas.

2 Preaqueça o forno a 190°C

3 Retire o tofu do congelador e coloque na água fervente durante cinco minutos.

4 Coloque o tofu em uma peneira e pressione novamente para que a água escorra.

5 Mergulhe o tofu rapidamente no tamari, rodando-o de um lado para o outro, a fim de cobrir de modo uniforme. (Quanto mais o tofu permanecer no tamari, mais salgado ficará.)

6 Misture o fermento nutricional e o alho em pó em uma tigela rasa e role o tofu na mistura para cobrir de modo uniforme.

7 Unte levemente uma assadeira com o óleo de canola e asse o tofu por 45 minutos, ou até dourar.

8 Retire do forno, fatie e sirva quente ou frio.

Pratos Principais: Tofu 165

Molho de Cogumelos Selvagens

Este molho nutritivo é um dos favoritos nos feriados santos. Sirva-o com o Pão de Tofu Substituto do Peru do Dia de Ação de Graças (ver p. 165), e o Molho Saboroso (ver p. 83).

3 cogumelos portobello, ou 240g de shitake
1 colher (chá) de óleo de canola
1 cebola Vidalia ou amarela grande picada
1 colher (chá) de alho bem picado
8 fatias de pão integral, cortado em cubos de 2,5cm
2 colheres (chá) de sálvia
1 xícara de Molho Saboroso (ver p. 83), com todas
    as hortaliças do molho

Rendimento: 4 a 6 porções

Por porção:
calorias, 138;
proteínas, 6g;
gordura, 3g;
carboidratos, 23g;
fibras, 6g;
cálcio, 13mg;
sódio, 201mg.

1 Preaqueça o forno a 190°C.

2 Com o auxílio de uma colher, raspe as lamelas da parte interna dos chapéus dos cogumelos portobello, ou remova os cabos dos shitakes. Fatie.

3 Aqueça o óleo em uma frigideira e salteie as cebolas e o alho até dourarem ligeiramente.

4 Acrescente os cogumelos, cubra e cozinhe até ficarem macios.

5 Escorra a maior parte do caldo dos cogumelos e acrescente os cubos de pão e a sálvia.

6 Misture um pouco do Molho Saboroso e todas as hortaliças do molho, umedecendo os cubos de pão.

7 Ponha o molho em uma assadeira de 25cm x 32,5cm e asse por trinta a quarenta minutos até a superfície ficar crocante.

Torta de Berinjela e Tofu

Este prato delicioso ao estilo da lasanha foi um sucesso imediato no spa.

1kg de tofu extrafirme prensado

2 colheres (sopa) de tamari com baixo teor de sódio

½ xícara de água

1 colher (sopa) de orégano fresco picado

2 colheres (chá) de alho bem picado

1 berinjela grande, sem o cabo e cortada no sentido do comprimento em fatias de 2cm de espessura

2 colheres (sopa) de azeite de oliva

1 colher (chá) de alho bem picado

2 colheres (sopa) de manjericão fresco picado

3 cogumelos portobello sem os cabos, com as lamelas raspadas, e cortados em fatias de 1,5cm

1 cebola Vidalia ou amarela descascada, aberta ao meio e cortada em fatias de 0,5cm

1 colher (chá) de tomilho fresco picado

¼ de xícara de caldo de legumes ou vinho branco sem álcool

3 xícaras de molho marinara

meio pacote de 300g de espinafre fresco sem os cabos e cortado em pedaços pequenos

⅔ de xícara de tomates secos amolecidos em água quente e picados em fatias de 0,5cm

240g de mozarela de soja, alho e ervas, ou outro queijo de soja, cortado em tiras

Rendimento: 6 a 8 porções

Por porção:
calorias, 386;
proteínas, 32g;
gordura, 21g;
carboidratos, 24g;
fibras, 8g;
cálcio, 490mg;
sódio, 716mg.

1 Preaqueça o forno a 200°C. Corte cada 500g de tofu em 4 fatias para fazer bifes.

2 Ponha os bifes de tofu em uma assadeira.

3 Bata no liquidificador o tamari, a água, o orégano e 2 colheres (chá) de alho. Despeje esta marinada sobre os bifes de tofu e asse por 35 a 40 minutos, ou até a marinada evaporar da assadeira. Retire do forno e deixe o tofu esfriar.

4 Regule o forno para 280°C. Ponha as fatias de berinjela em uma assadeira levemente untada.

5 Bata no liquidificador o azeite de oliva, 1 colher (chá) de alho e metade do manjericão, e passe para uma tigela pequena.

6 Usando um pincel de cozinha, pincele levemente a parte de cima da berinjela com a marinada, e coloque-a na grade superior do forno. Asse por cerca de 12 minutos, ou até a berinjela ficar com um tom dourado médio. Retire do forno e deixe esfriar. Volte ao forno a 200°C.

7 Enquanto o tofu e a berinjela assam, salteie a cebola, os cogumelos e o tomilho no caldo de legumes até ficarem macios.

8 Para montar, despeje 1 xícara de molho marinara em uma travessa refratária de 20cm² quadrados. Coloque 4 bifes de tofu lado a lado no fundo do prato. Você pode cortar o tofu para se encaixar corretamente.

9 Ponha a berinjela grelhada sobre o tofu e jogue por cima as folhas de espinafre.

10 Ponha a mistura de cogumelos sobre o espinafre e cubra com ¼ do queijo de soja.

11 Coloque o restante dos bifes de tofu sobre as hortaliças e espalhe uma quantidade suficiente de molho marinada para cobrir totalmente o tofu.

12 Cubra o tofu com o restante do queijo e guarneça com as sobras do manjericão picado.

13 Asse na grade inferior do forno por cerca de 25 minutos, ou até o queijo ficar ligeiramente dourado. Retire do forno e deixe descansar por cerca de cinco minutos antes de cortar. Sirva com o restante do molho marinara e seu pão integral favorito, ou com legumes.

Terrine de Tofu com Tomates Secos ao Pesto

Sempre quis recriar um de meus queijos favoritos (o de cabra) usando tofu como substituto. Este prato fez muitos de nossos hóspedes acreditarem que isso é possível. Você pode fatiar e servir sobre bolachas ou pão integrais, ou em uma salada sobre uma camada de verduras sortidas.

1kg de tofu comum firme ou extrafirme prensado
2 colheres (sopa) de missô amarelo ou branco
2 colheres (sopa) de tahini
60g de mozarela de soja cortada em tiras
⅔ de xícara de tomates secos amolecidos em
água quente e cortados em fatias finas
½ xícara de Molho Pesto (ver p. 82)

Rendimento: 8 a 10 porções

Por porção:
calorias, 184;
proteínas, 11g;
gordura, 13g;
carboidratos, 6g;
fibras, 1g;
cálcio, 165mg;
sódio, 256mg.

1 Preaqueça o forno a 190°C.

2 Forre a forma de sua escolha com papel-alumínio. Eu uso formas próprias para tortas redondas, ou para pães retangulares. Você pode usar qualquer tipo. Só precisa ter recheio de tofu suficiente para pôr duas camadas na forma.

3 Bata bem no liquidificador ou processador de alimentos o tofu, o missô, o tahini e o queijo de soja. Use uma espátula para empurrar para baixo a massa dos lados, a fim de eliminar todos os caroços.

4 Espalhe uniformemente metade da mistura de tofu no fundo da forma.

5 Cubra com uma camada uniforme de tomates secos de modo uniforme.

6 Espalhe o molho pesto sobre os tomates secos de modo uniforme.

7 Espalhe o restante da mistura de tofu sobre o pesto e os tomates também de maneira uniforme.

8 Cubra a forma com papel-alumínio e coloque-a dentro de outra forma. Despeje um pouco de água no fundo da forma de baixo para assar em banho-maria. Isso evita que o fundo queime.

9 Asse por 45 a 50 minutos na grade inferior do forno. Retire, descubra e resfrie no congelador por cerca de uma hora. Quando estiver frio, solte o papel-alumínio dos lados da forma, usando uma faca de descascar para tirar o tofu da borda, se necessário.

10 Vire a forma sobre uma tábua de cortar ou prato de servir. Para fazer isso, ponha a tábua de cortar ou o prato sobre a forma e vire-a. Bata no fundo da forma virada com uma faca para soltar. Desenforme e retire o papel-alumínio. Leve à geladeira para esfriar mais e depois fatie como quiser.

Arroz

História e técnicas de cozimento

Recomendamos o uso de arroz integral nas receitas deste livro devido a seu valor nutricional superior. O arroz integral é produzido após a primeira moagem do arroz, quando a casca seca não-comestível é removida. Nesse ponto, o arroz retém seus nutrientes, o farelo rico em fibras e o germe. O arroz integral é vendido em grãos longos, médios e curtos. O de grãos curtos torna-se um pouco mais pegajoso e úmido depois de cozido, e é melhor em pudins, sushi e pratos de forno. O de grãos longos é mais usado em pratos principais e acompanhamentos. Recomendamos que o arroz integral seja usado dentro de um mês após a compra, se armazenado à temperatura ambiente, caso contrário é melhor refrigerá-lo, porque o germe tende a se tornar rançoso.

A moagem adicional produz o arroz branco ou polido. O polimento remove o farelo, o germe, a fibra e as vitaminas do complexo B! O arroz branco enriquecido, como o pão enriquecido, tem alguns dos nutrientes acrescentados, mas não a fibra ou os elementos característicos.

O arroz convertido remonta à Segunda Guerra Mundial, quando o arroz descascado era parboilizado e seco antes da moagem. Nesse processo, as vitaminas e os minerais na camada de farelo são forçados a migrar para o grão, criando um produto mais nutritivo.

O arroz de grãos longos (quatro vezes mais longos do que sua largura) inclui o basmati, da Índia, o jasmim, da Tailândia, o texmati (basmati cultivado no Texas), com sabor que lembra o de pipoca, e arroz com aroma de noz-pecã, da Louisiana. Outras variedades de grãos longos incluem o arroz vermelho, o preto thai, o wehani (basmati e arroz de farelo vermelho) e o preto japônico (mogno e arroz preto).

A arte de cozinhar o arroz varia de acordo com a culinária de cada país. Uma maneira prática de proceder é sempre lavar primeiro o arroz em um escorredor. Se você for servi-lo simples, duas xícaras de água fervente para uma xícara de arroz seco é uma boa proporção. Se for saltear cebolas, alho ou outras hortaliças antes de acrescentar o arroz e a água, use um pouco menos de duas xícaras de água. Quando a água levantar a segunda fervura, depois que o arroz for acrescentado, cubra e cozinhe em fogo brando por cerca de 20 minutos. Abaixe o fogo para a temperatura média e deixe mais 15 minutos para a água secar. Algumas pessoas gostam de arroz um pouco mais firme. Por isso, se o arroz atingir a consistência que você deseja e ainda estiver com água, escorra-o rapidamente e leve de volta à panela. Cubra e deixe descansar por cerca de dez minutos.

Espero que estas informações lhe dêem confiança para fazer as escolhas certas ao comprar e cozinhar arroz.

Arroz Florentino

Este prato principal também é delicioso quando resfriado para um almoço frio ou bufê de saladas.

⅓ de xícara de pinhões
1 colher (chá) de azeite de oliva extravirgem
1 cebola Vidalia picada
2 colheres (chá) de alho bem picado
240g de cogumelos cortados ao meio
1 pimentão vermelho, amarelo ou cor-de-laranja
    picado (se o tempo permitir, toste e
    descasque antes de picar)
½ xícara de tomates secos cortados em tiras finas
3 ½ xícaras de água fervente destilada ou pura
2 xícaras de arroz integral
1 folha de louro
1 colher (chá) de sal marinho (opcional)
⅛ de colher (chá) de pimenta-de-caiena
120g de espinafre fresco lavado, sem os talos e
    cortados ao meio (2 ½ a 3 xícaras)

Rendimento: 4 a 6 porções

Por porção:
calorias, 263;
proteínas, 7g;
gordura, 6g;
carboidratos, 44g;
fibras, 5g;
cálcio, 53mg;
sódio, 30mg.

1 Ponha os pinhões em uma assadeira e leve ao forno a 200°C até ficarem ligeiramente dourados.

2 Aqueça o azeite em uma panela grande e doure ligeiramente as cebolas e o alho. Acrescente os cogumelos e cozinhe em fogo brando.

3 Adicione o resto dos ingredientes, exceto o espinafre; cubra e cozinhe em fogo brando por 20 minutos.

4 Quando cerca de ¾ do líquido evaporar, acrescente o espinafre, abaixe o fogo para a temperatura média e cubra.

5 Sirva quando o arroz estiver macio ou a água secar. Se o arroz ficar como você gosta antes de a água secar totalmente, ponha-o em um escorredor. Depois leve-o de volta à panela e cubra até ficar pronto para servir.

Arroz do Sudoeste

Este arroz fica ótimo como prato principal quente ou uma salada fria! Gosto de jogar por cima um pouco de queijo de soja em tiras para torná-lo ainda mais saboroso e nutritivo.

3 ½ xícaras de água destilada ou pura
1 folha de louro
1 colher (chá) de pistilos de açafrão,
    ou açafrão-da-terra
2 colheres (sopa) de chili em pó
2 xícaras de arroz integral basmati
½ colher (chá) de sal marinho (opcional)
2 xícaras de feijão-preto cozido e escorrido
2 xícaras de milho amarelo, verde ou congelado,
    cozido no vapor
1 colher (sopa) de coentro bem picado
1 ½ xícara de Salsa Mexicana (ver p. 80)

Rendimento: 6 a 8 porções

Por porção:
calorias, 197;
proteínas, 6g;
gordura, 0g;
carboidratos, 42g;
fibras, 7g;
cálcio, 20mg;
sódio, 519mg.

1 Ferva a água e acrescente a folha de louro, o açafrão, ou açafrão-da-terra, o chili em pó e o arroz.

2 Cubra e cozinhe por 25 minutos, ou até a maior parte da água secar.

3 Desligue o fogo, cubra e espere até toda a água secar.

4 Aqueça o feijão-preto, o milho o coentro e a salsa em uma caçarola média. Acrescente o arroz e sirva quente.

Feijão-Vermelho e Arroz

Quando arroz e feijão são combinados, tornam-se proteína completa com todos os amino-ácidos essenciais. Você pode substituir o feijão-vermelho desta receita por seu feijão favorito ou por lentilhas. (Se dispuser de pouco tempo, pode usar feijão em lata, mas não deixe de verificar o teor de sódio antes de comprar.)

500g de feijão-vermelho
2 ½L de água destilada
2 folhas de louro
2 colheres (sopa) de alho bem picado
1 cebola Vidalia ou amarela picada
1 pimentão vermelho picado
1 pimentão amarelo ou cor-de-laranja picado
1 pitada de pimenta-de-caiena
2 colheres (sopa) de Bragg Liquid Aminos
3 ½ xícaras de água destilada ou pura
2 xícaras de arroz basmati, jasmim ou outro integral
1 folha de louro

Rendimento: 6 a 8 porções

Por porção:
calorias, 220;
proteínas, 8g;
gordura, 0g;
carboidratos, 45g;
fibras, 5g;
cálcio, 50mg;
sódio, 193mg.

1 Deixe o feijão de molho em água fervente que baste para cobri-lo durante uma a duas horas.

2 Em uma panela grande, ferva os 2 ½L de água destilada. Acrescente o feijão escorrido.

3 Adicione as folhas de louro e o alho e cozinhe em fogo brando por uma hora.

4 Acrescente a cebola, os pimentões, o cominho, a pimenta-de-caiena e o Bragg e cozinhe por uma hora, ou até o feijão ficar macio.

5 Tempere a gosto e reserve.

6 Em outra panela grande, ferva as 3 ½ xícaras de água. Acrescente o arroz e o resto das folhas de louro.

7 Cubra e cozinhe por cerca de 25 minutos ou até a água secar.

8 Abaixe o fogo, tampe a panela e cozinhe em fogo brando até o arroz ficar macio ou a água secar. Se o arroz ficar como você gosta antes de a água secar totalmente, ponha-o em um escorredor. Depois, leve-o de volta à panela e cubra.

9 Misture o feijão com o arroz, acrescentando um pouco do caldo de feijão até a consistência da mistura ficar a seu gosto.

Sushi de Legumes

Este prato principal versátil pode ser servido como antepasto, entrada ou lanche. Nós usamos como molho nosso fabuloso Vinagrete Oriental (ver p. 64).

3 ¾ de xícara de água pura ou destilada
1 colher (chá) de sal marinho (opcional)
2 xícaras de arroz integral de grãos curtos,
    preferivelmente o integral basmati
1 molho de cebolinhas verdes cortadas em fatias de 0,5cm
2 colheres (sopa) de pasta de umeboshi (opcional –
    se você não estiver controlando a ingestão de sódio)
2 cenouras
1 pepino
1 pimentão vermelho
1 abacate maduro
0,5L de brotos de alfafa
4 folhas de nori
1 esteira enrolável de bambu

Rendimento: 3 a 4 rolos
(5 a 6 peças)

Por porção:
calorias, 77;
proteínas, 1g;
gordura, 1g;
carboidratos, 14g;
fibras, 2g;
cálcio, 16mg;
sódio, 124mg.

1 Ferva a água com o sal. Coloque o arroz em um escorredor e lave com água fria. Ponha-o na panela, cubra e cozinhe por 20 a 25 minutos. Quando a maior parte da água secar, abaixe o fogo e espere secar totalmente.

2 Transfira o arroz para uma tigela grande e acrescente a pasta de umeboshi e as cebolinhas verdes fatiadas. Deixe esfriar à temperatura ambiente.

3 Rale as cenouras à mão ou corte-as em tiras no processador de alimentos.

4 Descasque o pepino, abra ao meio no sentido do comprimento e retire todas as sementes com uma colher. Corte em tiras longas de 1,5cm de espessura.

178 Dieta Vegetariana do Regency House Spa

5 Abra o pimentão ao meio, retire as sementes e corte em tiras finas.

6 Abra o abacate ao meio, tire o caroço, descasque e corte em fatias de 1,5cm.

7 Para montar, ponha todas as hortaliças cortadas e o arroz na parte de trás de um balcão limpo. Coloque uma tigela de água fria ao lado para mergulhar os dedos quando ficarem grudando e selar as pontas dos rolos de nori em uma fase posterior do processo.

8 Coloque a esteira de bambu à sua frente, horizontalmente. Então ponha a folha de nori na esteira, com o lado brilhante para baixo. As folhas de nori devem ficar alinhadas com as linhas horizontais da esteira de bambu.

9 Com uma colher, ponha uma camada uniforme de 1,5cm de espessura da mistura de arroz sobre a folha de nori, deixando sem arroz cerca de 2,5cm na parte perto de você da folha de nori e 5cm na parte mais distante. Veja o diagrama abaixo.

10 Ao longo do centro de arroz, espalhe uniformemente ¼ das cenouras e os legumes, deixando que ultrapassem um pouco as extremidades das folhas de nori.

11 Erga a borda da esteira mais próxima de você e dê cerca de um quarto de volta, enrolando a esteira, a folha de nori e o arroz sobre o recheio. Pressione um pouco para baixo para ajudar a firmar o arroz e aperte ligeiramente com os dedos os legumes sobre o arroz enquanto continua a enrolar a esteira e o nori. Como o nori é um pouco frágil, a esteira ajuda a protegê-lo enquanto você forma o rolo.

12 Quando o rolo estiver pronto, mergulhe os dedos na água e sele a folha de nori onde os dois lados se encontram. Deixe secar. (Repita os passos 7 a 12 com o restante dos ingredientes.)

13 Use uma faca longa e afiada para aparar as extremidades do rolo. Corte em pedaços de 2,5cm ou varie a apresentação tradicional fazendo um corte diagonal de um lado e um reto do outro, para dar aos rolos alturas e ângulos diferentes. Sirva com wasabi, picles de gengibre e/ou tamari ou shoyu com baixo teor de sódio.

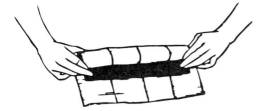
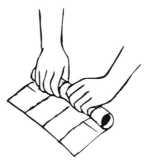

Pratos Típicos e Variados

Quesadillas de Milho e Feijão-Preto

Esta versão mexicana de um sanduíche de queijo grelhado pode ser preparada em alguns minutos. Sirva com salsa mexicana, guacamole e/ou creme azedo de leite de arroz. Em casa, quando você dispuser de pouco tempo, suprima as hortaliças e prepare uma quesadilla de queijo simples para comer depois de um longo dia.

1 lata de 480g de feijão preto escorrido
1 lata de 480g de milho escorrido
3 cebolinhas verdes cortadas em tiras finas
⅔ de xícara de Salsa Mexicana (ver p. 80)
360g de cheddar de soja
240g de Monterey Jack de soja com jalapeño
6 tortillas integrais ou chapatis
  (os chapatis resultarão em uma textura mais macia)

Rendimento: 6 porções

Por porção:
calorias, 481;
proteínas, 32g;
gordura, 14g;
carboidratos, 60g;
fibras, 11g;
cálcio, 475mg;
sódio, 779mg.

1 Misture o feijão, o milho, as cebolinhas e a salsa. Corte os queijos em tiras.

2 Ponha as tortillas em uma superfície plana e polvilhe uniformemente de queijo metade de cada tortilla.

3 Espalhe uniformemente quantidades iguais da mistura de feijão sobre o queijo, polvilhe com mais queijo e dobre o lado vazio da tortilla, formando uma meia-lua.

4 Ponha a tortilla em uma frigideira pincelada com óleo de canola, em fogo médio-alto, até ficar ligeiramente dourada de um lado; faça o mesmo com o outro lado.

5 Quando o queijo derreter, mas antes de ficar mole demais, retire e ponha a tortilla em uma tábua de cortar.

6 Prepare o resto das tortillas recheadas. Deixe esfriar um pouco e corte em fatias em forma de cunha. Sirva quente.

Estrogonofe de Bifes de Seitan

A estréia deste prato no último verão foi de dar água na boca. O segredo é o creme azedo de leite de arroz.

1 colher (chá) de azeite de oliva, ou ⅓ de xícara
    de caldo de legumes
1 cebola Vidalia ou amarela picada
1 colher (sopa) de alho bem picado
500g de cogumelos champignon fatiados
120g de shitakes sem os cabos e fatiados
1 xícara de caldo de legumes
¼ de xícara de purê de tomate
1 colher (sopa) de Bragg Liquid Aminos
1 colher (chá) de tomilho fresco picado
1 pitada de pimenta-de-caiena
2 colheres (sopa) de araruta em pó dissolvida em
    ⅓ de xícara de água fria
½ xícara de creme azedo de leite de arroz ou creme de soja
1 pacote de 240g de bifes de seitan, escorrido e cortado
    em fatias de 0,5cm (reserve o líquido)
¼ de xícara de alho, cebolinhas francesas ou folhas de
    cebolinha verde cortadas em fatias de 0,5cm

Rendimento: 3 a 4 porções

Por porção:
calorias, 252;
proteínas, 27g;
gordura, 5g;
carboidratos, 23g;
fibras, 3g;
cálcio, 19mg;
sódio, 231mg.

1 Aqueça o azeite de oliva ou caldo de legumes e doure ligeiramente a cebola. Acrescente o alho e os cogumelos e continue a cozinhar até ficarem macios.

2 Adicione o caldo de legumes, o purê de tomate, o Bragg, o tomilho e a pimenta-de-caiena e cozinhe por cerca de cinco minutos.

Pratos Típicos e Variados   183

3 Acrescente a mistura de araruta e água e deixe engrossar. Misture o creme azedo de leite de arroz, tempere a gosto e cozinhe em fogo brando. Se desejar um molho mais grosso, ponha mais mistura de araruta.

4 Adicione o seitan e mantenha o fogo brando até esquentar; se necessário, ajuste os temperos.

5 Sirva assim mesmo ou sobre pilaf ou massas e guarneça com cebolinhas.

Bifes de Seitan ao Marsala

O seitan, também chamado de carne de glúten, é feito de farinha de glúten. Pode ser usado para substituir a carne em quase todas as receitas.

1 colher (chá) de azeite de oliva ou óleo de canola
1 cebola amarela picada
1 colher (sopa) de alho bem picado
240g de cogumelos champignon cortados em fatias de 1,5cm
240g de bifes de seitan cortado em tiras
⅔ de xícara de Marsala ou vinho tinto suave
1 colher (chá) de tomilho fresco picado
1 colher (chá) de manjerona ou salsa italiana fresca picada
¼ de xícara de araruta
¼ de xícara de água destilada ou pura

Rendimento: 4 porções

Por porção:
calorias, 169;
proteínas, 20g;
gordura, 1g;
carboidratos, 18g;
fibras, 1g;
cálcio, 16mg;
sódio, 6mg.

1 Aqueça o óleo em uma frigideira, acrescente a cebola e o alho e salteie durante cinco minutos.

2 Acrescente os cogumelos e cozinhe em fogo brando por cinco minutos.

3 Adicione o seitan e salteie até aquecer.

4 Acrescente o vinho e as ervas e mantenha no ponto de fervura.

5 Dissolva a araruta na água e misture com o molho de cogumelos até engrossar.

6 Ajuste os temperos a gosto e sirva sobre massas quentes, arroz integral ou quinoa.

Arroz Frito Chinês

Esta receita é preparada sem fritar o arroz. Ninguém jamais notará a diferença. Este arroz combina bem com Bifes de Tofu Grelhados (ver p. 161), ou Refogado de Aspargos e Bok Choi (ver p. 234). Se você quiser que seu arroz pareça incluir ovo, experimente acrescentar um pouco de Tofu Mexido (ver p. 162). Caso tenha uma panela elétrica de arroz, pode usá-la para preparar esta receita.

1L de água destilada ou pura
¼ de xícara de tamari ou molho de soja com
    baixo teor de sódio
2 xícaras de arroz integral basmati, lavado com
    água fria e escorrido
3 cebolinhas verdes fatiadas
1 ½ xícara de ervilhas descongeladas
2 xícaras de brotos de feijão
1 colher (sopa) de óleo de gergelim torrado

Rendimento: 4 porções

Por porção:
calorias, 289;
proteínas, 10g;
gordura, 2g;
carboidratos, 58g;
fibras, 7g;
cálcio, 55mg;
sódio, 610mg.

1 Ferva a água e o tamari em uma panela média. Acrescente o arroz e cubra. Cozinhe em fogo médio, tendo o cuidado de não deixar esquentar demais para que as bolhas não façam o arroz transbordar pelos lados da panela. Não mexa enquanto estiver cozinhando e mantenha a panela tampada o tempo todo. Esses cuidados evitarão que o arroz fique grudado depois de cozido. Após cerca de 20 minutos, dê uma olhada. Quando você começar a ver bolsas de ar em cima do arroz, está quase pronto. Abaixe o fogo e mantenha a panela tampada por cerca de 15 minutos.

2 Em uma panela wok ou frigideira, aqueça o óleo de gergelim e acrescente as cebolinhas verdes. Adicione o arroz e todos os outros ingredientes até ficarem quentes. Tempere a gosto.

186 Dieta Vegetariana do Regency House Spa

Tempeh Crocante

Caso você não saiba, o tempeh é feito de soja fermentada e tem o sabor um pouco parecido com o dos cogumelos. Também pode ser feito de uma combinação de soja ou grãos, ou uma combinação de grãos. O tempeh tem um teor extremamente elevado de proteína. Sirva-o com pão árabe e sua salada favorita, esmigalhado sobre uma salada mista ou batata assada, ou com salada de macarrão primavera, para obter uma textura crocante.

240g de tempeh
⅓ de xícara de água destilada
1 colher (chá) de alho bem picado
½ colher (chá) de gengibre fresco picado
½ colher (chá) de fumaça líquida (opcional –
    para ficar com um gosto parecido com o de bacon)

Rendimento: 4 porções

Por porção:
calorias, 118;
proteínas, 11g;
gordura, 4g;
carboidratos, 10g;
fibras, 3g;
cálcio, 55mg;
sódio, 221mg.

1 Preaqueça o forno a 200°C.

2 Corte o tempeh em fatias de 3mm de espessura.

3 Bata no liquidificador o Bragg, a água, o alho, o gengibre e a fumaça líquida.

4 Despeje a mistura em um recipiente não-metálico. Acrescente o tempeh fatiado à mistura e marine por cerca de 20 minutos.

5 Ponha o tempeh em um escorredor.

6 Unte levemente uma assadeira com óleo de canola.

7 Ponha o tempeh na assadeira e asse por cerca de 30 minutos, ou até dourar de um lado.

8 Retire do forno, vire com uma espátula e leve o tempeh de volta ao forno. Asse por mais uns 15 minutos ou até ficar dourado e crocante.

Falafel

Em Israel, falafel é uma refeição ligeira comum como a pipoca ou o sorvete aqui, e composta de bolinhos de grão-de-bico fritos. Com o correr do tempo, o termo passou a significar o sanduíche de pão árabe com o bolinho. Nesta receita assamos os bolinhos no forno, tornando-os menos gordurosos do que os fritos tradicionais. Sirva em um pão árabe integral com alface cortada em tiras e molho de tahini e manjericão, ou de tahini e mostarda.

2 xícaras de grão-de-bico cozido

1 cebola Vidalia ou amarela pequena picada

1 colher (sopa) de alho bem picado

1 colher (chá) de óleo de gergelim torrado

⅓ de xícara de iogurte de soja ou creme azedo de leite de soja

2 colheres (sopa) de mostarda moída

2 ½ xícaras de farinha de rosca integral

2 colheres (sopa) de salsa fresca picada

1 colher (sopa) de Bragg Liquid Aminos

½ colher (chá) de cominho moído

¼ de colher (chá) de páprica

1 pitada de pimenta-de-caiena

Rendimento: 8 a 10 porções

Por porção:
calorias, 139;
proteínas, 6g;
gordura, 2g;
carboidratos, 22g;
fibras, 3g;
cálcio, 40mg;
sódio, 275mg.

1 Escorra o grão-de-bico e reserve o líquido.

2 Em uma frigideira, doure ligeiramente as cebolas e o alho no óleo de gergelim.

3 Bata todos os ingredientes, exceto a farinha de rosca, no processador de alimentos ou aos poucos no liquidificador. Bata apenas um pouco. Não deixe a mistura adquirir a consistência de purê. Se ficar seca demais, acrescente um pouco do líquido reservado.

4 Leve a mistura à geladeira por 20 a 30 minutos e preaqueça o forno a 220°C.

5 Quando a mistura estiver fria, faça bolinhos de 1,5cm de espessura, que podem ter 5cm de largura ou a forma de hambúrgueres para se encaixarem no pão árabe quando este for cortado ao meio. Cubra-os com a farinha de rosca reservada.

6 Ponha os bolinhos em uma assadeira untada com óleo de canola e asse até ficarem crocantes no fundo. Retire-os do forno, vire e asse por mais 15 minutos até ficarem crocantes dos dois lados.

Enchilada

Esta deliciosa combinação de tortillas de milho, feijões, hortaliças e queijo de soja é muito apreciada por todos os nossos hóspedes. Além disso, conserva-se muito bem congelada quando você prepara mais de uma refeição. Guarneça com guacamole e salsa.

1 xícara de feijão-preto cozido e escorrido
1 xícara de feijão rajado ou feijão-vermelho
    cozido e escorrido
1 xícara de grãos de milho
1 xícara de Salsa Mexicana (ver p. 80),
    ou de sua marca favorita
120g de queijo de soja cortado em tiras
120g de Monterey Jack de soja com jalapeño,
    cortado em tiras (opcional)
3 xícaras de Molho de Enchilada (ver p. 160)
12 tortillas de milho amarelo
⅓ de xícara de azeitonas pretas fatiadas
1 pimenta jalapeño fatiada (opcional)
    (veja o aviso na p. 20)

Rendimento: 6 a 8 porções

Por porção:
calorias, 475;
proteínas, 22g;
gordura, 9g;
carboidratos, 78g;
fibras, 15g;
cálcio, 242mg;
sódio, 365mg.

1 Preaqueça o forno a 200°C.

2 Em uma tigela grande, misture os feijões, o milho, a salsa e metade de cada tipo de queijo.

3 Despeje 1 xícara do Molho de Enchilada em uma travessa refratária de 20cm x 20cm.

4 Forre o fundo da travessa com as tortillas, sobrepondo-as ligeiramente. Espalhe por cima metade da mistura de feijões.

5 Cubra os feijões com uma camada de tortillas e despeje por cima ½ xícara do Molho de Enchilada.

6 Ponha o restante da mistura de feijões sobre as tortillas e cubra com uma última camada de tortillas. Se sobrarem algumas, você poderá usá-las depois para fazer a Sopa de Tortilla Mexicana (ver pp. 103-104), ou totopos.*

7 Cubra as tortillas com o que sobrou do Molho de Enchilada. Polvilhe o restante do queijo sobre o molho, guarneça com a pimenta jalapeño e as azeitonas fatiadas e asse na grade inferior do forno por 25 a 30 minutos, até borbulhar. Para uma aparência e textura melhores, retire do forno antes de o queijo escurecer.

---

*Um tipo de nachos. (**N. do E.**)

Burritos de Legumes Grelhados

Este é um de nossos pratos principais mais pedidos. Você pode preparar burritos extras para as pessoas repetirem o prato. Para um burrito mais tradicional, substitua os legumes grelhados por chili sem carne e/ou feijões refritos. Sirva com guacamole, salsa mexicana, feijões refritos ou creme azedo de leite de soja.

2 cogumelos portobello
1 abobrinha grande
1 abóbora-amarela grande
2 colheres (sopa) de azeite de oliva extravirgem
1 colher (chá) de alho bem picado
1 colher (chá) de folhas de orégano
1 pitada de pimenta-de-caiena
1 pimentão vermelho grande
120g de Monterey Jack de soja com jalapeño
120g de cheddar de soja
6 tortillas integrais de 20cm ou maiores

Rendimento: 6 porções

Por porção:
calorias, 226;
proteínas, 12g;
gordura, 11g;
carboidratos, 26g;
fibras, 3g;
cálcio, 196mg;
sódio, 414mg.

1 Lave os cogumelos. Remova os cabos e raspe com uma colher as lamelas da parte interna dos chapéus. Corte diagonalmente a abobrinha e a abóbora-amarela em fatias de 1,5cm.

2 Preaqueça a churrasqueira na temperatura alta e o forno a 200°C.

3 Misture o azeite de oliva, o alho e o orégano, e pincele os legumes com essa mistura.

4 Grelhe os legumes dos dois lados até ficarem com as marcas da grelha. Reserve. Se você preferir usar o forno, regule a temperatura para grelhar e ponha os legumes na grade superior em uma assadeira untada durante 12 a 15 minutos, até ficarem ligeiramente dourados.

5 Asse o pimentão na churrasqueira com a casca para baixo ou no forno com a casca para cima até a maior parte da casca ficar preta. Ponha em um saco plástico. Quando esfriar, retire e descasque o pimentão. Corte em tiras de 2,5cm.

6 Corte os cogumelos em fatias de 1,5cm de espessura. Corte os queijos em tiras e reserve.

7 Coloque uma tortilla em uma superfície plana e polvilhe uniformemente o queijo.

8 Ponha duas fatias de abobrinha, a abóbora e os cogumelos ao longo de todo o centro da tortilla, deixando cerca de 2,5cm da tortilla vazia no fundo.

9 Cubra os legumes com fatias de pimentão vermelho.

10 Dobre o fundo da tortilla sobre o fim das tiras de legumes.

11 Enrole um lado da tortilla sobre os legumes, mantendo o fundo dobrado, e continue a enrolar, apertando um pouco até fechar. Repita o processo com o resto das tortillas e do recheio.

12 Ponha os burritos em uma travessa refratária de 25cm x 32,5cm forrada com papel-alumínio, para evitar que colem. Cubra com papel-alumínio e asse a 200°C durante 15 minutos, ou até o queijo derreter.

Pratos Típicos e Variados 193

Paella de Legumes Grelhados

A primeira vez em que comi paella foi em 1982, em Tampa, Flórida, e pensei que tinha ido ao paraíso dos frutos do mar. Você nunca se esquece de momentos culinários como esse. A paella tradicional é feita com arroz amarelo, peixe fresco local e vários mariscos como lagosta, camarão, vieiras e mexilhões. Além disso, leva peito de frango e alguns tipos de lingüiça, como chouriço.

Desse modo, é possível imaginar o desafio que é recriar este tesouro espanhol tradicional. Esta receita leva muitos ingredientes, mas qualquer um que adore paella sabe que vale o esforço. O prato resultante dá água na boca de nossos hóspedes. A única coisa que falta é uma bela sangria!

1 abobrinha
1 berinjela pequena
3 cogumelos portobello
2 pimentões vermelhos
1L de água destilada ou pura
2 colheres (sopa) de missô amarelo ou branco
1 colher (chá) de açafrão-da-terra, ou 1 colher (sopa) de açafrão
2 xícaras de arroz integral basmati
1 folha de louro
⅓ de xícara de azeite de oliva
1 colher (sopa) de manjericão, coentro ou orégano fresco picado
2 colheres (chá) de alho bem picado
1 colher (sopa) de Bragg Liquid Aminos
1 pitada de pimenta-de-caiena
4 lingüiças italianas vegetarianas ou salsichas vegetarianas
45g de fatias de pepperoni vegetariano (cerca de 20 fatias)
1 ½ xícara de brotos de ervilha descongelados e escorridos

Rendimento: 6 a 8 porções

Por porção:
calorias, 305;
proteínas, 10g;
gordura, 10g;
carboidratos, 42g;
fibras, 5g;
cálcio, 31mg;
sódio, 479mg.

1 Retire as extremidades da abobrinha e da berinjela. Corte a abobrinha no sentido do comprimento e a berinjela em rodelas, ambas com 2cm de espessura. Remova os cabos dos cogumelos portobello e raspe com uma colher as lamelas da parte interna dos chapéus. Retire as sementes dos pimentões e os corte em quatro partes.

2 Preaqueça o forno elétrico a 280°C. Misture a água, o missô e o açafrão-da-terra em uma panela grande. Deixe levantar fervura. Acrescente o arroz e a folha de louro, cubra e cozinhe em fogo brando por 25 minutos, ou até o líquido secar e o arroz ficar macio.

3 Enquanto o arroz cozinha, faça uma marinada batendo no liquidificador o azeite de oliva, as ervas e o Bragg.

4 Unte levemente duas chapas com óleo de canola e ponha a abobrinha e os pimentões em uma delas. Na outra, ponha a berinjela e os cogumelos, com os chapéus virados para cima. Com um pincel de cozinha, pincele a marinada em todas as hortaliças, exceto nos pimentões vermelhos.

5 Coloque a chapa com a berinjela e os cogumelos na grade superior do forno. Grelhe por 12 minutos ou até a berinjela ficar ligeiramente dourada. Ponha à parte para esfriar. Repita a operação com a abobrinha e os pimentões grelhando por 15 minutos ou até os pimentões ficarem chamuscados e a abobrinha, ligeiramente dourada. Deixe esfriar.

6 Doure a lingüiça vegetariana de todos os lados, seguindo as instruções da embalagem. Deixe esfriar um pouco.

7 Descasque os pimentões e corte todos os legumes em pedaços de 2,5cm.

8 Corte a lingüiça diagonalmente. Misture os legumes cortados, a lingüiça e o pepperoni vegetariano. Ponha em uma chapa e leve ao forno a 230°C por três a cinco minutos, até esquentar.

9 Em uma tigela grande, misture o arroz, os brotos de ervilha e os legumes. Ponha em uma travessa refratária de 25cm x 32,5cm e leve ao forno por alguns minutos para garantir que tudo ficará quente.

Caçarola de Couve e Cogumelos

Este prato foi um grande sucesso desde a primeira vez em que o preparamos. Experimente substituir a couve por uma de suas verduras favoritas.

1 molho de couve sem os talos e cortada
Folhas picadas de 1 molho de nabo
   (podem ser congeladas)
1 colher (chá) de azeite de oliva
1 cebola amarela ou Vidalia grande picada
1 colher (sopa) de alho bem picado
240g de cogumelos champignon cortados ao meio
4 cogumelos portobello sem os cabos, com as lamelas
   raspadas e fatiados
1 pacote de 370g de tofu firme de sabor suave
1 colher (sopa) de Bragg Liquid Aminos
180g de mozarela de soja cortada em tiras
1 xícara de farinha de rosca integral
2 colheres (chá) de azeite de oliva
2 colheres (chá) de orégano fresco

Rendimento: 6 a 8 porções

Por porção:
calorias, 196;
proteínas, 13g;
gordura, 8g;
carboidratos, 18g;
fibras, 4g;
cálcio, 245mg;
sódio, 360mg.

1 Preaqueça o forno a 200°C.

2 Cozinhe as verduras no vapor até ficarem macias. Aperte-as para retirar o líquido.

3 Em uma frigideira grande, aqueça o azeite e salteie a cebola e o alho. Acrescente os cogumelos, cubra e cozinhe em fogo brando até ficarem macios.

4 Escorra um pouco os cogumelos e bata no liquidificador com o **tofu** e o Bragg até obter um purê.

5 Em uma tigela grande, misture o purê de cogumelos, as verduras e o tofu com metade do queijo de soja.

6 Ponha a mistura de hortaliças em uma travessa refratária de tamanho apropriado.

7 Em uma tigela pequena, misture a farinha de rosca, o azeite, o restante do queijo e o orégano. Jogue por cima das verduras, misture e asse na grade superior do forno por 20 a 25 minutos, ou até a superfície ficar ligeiramente dourada.

Chili sem Carne

No dia em que preparamos este chili pela primeira vez, toda a equipe da cozinha e nosso provador residente Julio Dilorio se entreolharam, maravilhados, como se tivéssemos descoberto o Santo Graal Vegetariano! O chili havia voltado às nossas vidas. Este pode ser servido como prato principal, em saladas com tacos e nachos, como cobertura para pizzas, recheio para burritos, tacos, enchiladas ou o que mais sua criatividade sugerir.

1 cebola amarela picada
1 colher (chá) de alho bem picado
1 pimentão vermelho picado
1 pimentão amarelo picado
1 colher (sopa) de azeite de oliva extravirgem
    ou 2 colheres (sopa) de caldo de vegetais
2 pacotes de 360g de carne vegetal moída
    ou outra carne vegetal moída
1 lata de 480g de tomates em cubos ou
    2 xícaras de tomates frescos em cubos
1 xícara de purê de tomate
1 lata de 480g de feijão rajado ou feijão-vermelho
1 pitada de pimenta-de-caiena
3 colheres (sopa) de chili em pó
1 a 2 colheres (chá) de cominho moído
1 colher (chá) de orégano moído
1 folha de louro

Rendimento: 6 a 8 porções

Por porção:
calorias, 248;
proteínas, 29g;
gordura, 3g;
carboidratos, 36g;
fibras, 13g;
cálcio, 96mg;
sódio, 477mg.

1 Salteie as cebolas, o alho e os pimentões no azeite de oliva ou caldo de vegetais até dourarem ligeiramente. Depois acrescente a carne vegetal moída e mexa até esquentar bem.

2 Adicione o restante dos ingredientes, cubra e cozinhe em fogo brando por cerca de uma hora. Tempere a gosto.

Pastelão

Comi pela primeira vez este delicioso prato de forno quando passava férias em Porto Rico. Ele é feito com bananas-da-terra maduras e um chili extraordinário chamado picadillo, de azeitonas e uvas-passas.

4 bananas-da-terra bem maduras
(quase pretas)
1 colher (sopa) de óleo de canola
1L de Picadillo de soja (ver p. 206)

Rendimento: 6 a 8 porções

Por porção:
calorias, 256;
proteínas, 9g;
gordura, 3g;
carboidratos, 46g;
fibras, 5g;
cálcio, 53mg;
sódio, 193mg.

1 Preaqueça o forno a 190°C.

2 Descasque e corte as bananas no sentido do comprimento em fatias de 1,5cm de espessura.

3 Aqueça o óleo de canola em uma frigideira grande ou chapa elétrica. Acrescente as bananas-da-terra e doure dos dois lados. Coloque-as sobre um papel-toalha, a fim de absorver um pouco do óleo.

4 Distribua uma camada uniforme de bananas-da-terra no fundo de uma travessa refratária de 20cm x 20cm.

5 Usando uma colher, espalhe por cima uma camada uniforme de picadillo.

6 Cubra com outra camada de bananas. Asse na grade inferior do forno por 35 a 40 minutos antes de cortar em quadrados. Para servir, use duas espátulas, uma para erguer o pastelão da travessa refratária e outra para empurrá-lo para os pratos.

Pratos Típicos e Variados 199

Ratatouille

Este ensopado francês fica ótimo com uma baguete integral ou servido sobre arroz integral. Não desanime com a longa lista de ingredientes. Depois de você preparar todas as hortaliças, o resto da receita será fácil.

2 pimentões vermelhos
2 pimentões amarelos
1 berinjela pequena
2 abobrinhas
2 abóboras-amarelas
4 tomates grandes maduros
240g de champignon ou shitake
1 colher (sopa) de azeite de oliva extravirgem
2 colheres (sopa) de alho bem picado
1 lata de 480g de purê de tomate
2 colheres (sopa) de orégano fresco picado,
    ou 2 colheres (chá) de orégano fresco
2 colheres (sopa) de manjericão fresco picado
1 colher (sopa) de tomilho fresco picado
2 folhas de louro
½ colher (chá) de sal marinho (opcional)
1 pitada de pimenta-de-caiena

Rendimento: 4 a 6 porções

Por porção:
calorias, 177;
proteínas, 5g;
gordura, 3g;
carboidratos, 32g;
fibras, 9g;
cálcio, 66mg;
sódio, 61mg.

1 Se o tempo permitir, toste e descasque os pimentões.

2 Retire as sementes dos pimentões e descasque a berinjela. Apare as pontas das abobrinhas e abóboras-amarelas e abra-as ao meio no sentido do comprimento. Descasque as cebolas e retire as sementes dos tomates. Corte tudo em cubos de 2,5cm. Descarte os cabos dos shitakes e corte os cogumelos ao meio.

3 Em uma panela grande, aqueça o azeite de oliva e salteie as cebolas e o alho até dourarem ligeiramente.

4 Acrescente os pimentões, a berinjela, as abobrinhas e as abóboras-amarelas e continue a cozinhar por cerca de cinco minutos, mexendo de vez em quando.

5 Adicione os tomates picados, o purê de tomates, os cogumelos, as ervas e os temperos e cozinhe em fogo brando por cerca de cinco minutos.

6 Tempere a gosto e mexa de vez em quando.

Feijões Refritos

Este prato versátil pode ser usado como homus, recheio para enchiladas e burritos, um dip de cinco camadas e de muitos outros modos criativos. Para economizar tempo, você pode usar feijão-vermelho enlatado e temperar e preparar como é explicado a seguir. Também pode substituí-lo por outros tipos de feijão, como o rajado e o preto.

500g de feijão-vermelho
2 ½L de água destilada ou pura
2 folhas de louro
2 colheres (sopa) de alho bem picado
1 cebola Vidalia ou amarela picada
1 pimentão vermelho picado
1 pimentão amarelo ou cor-de-laranja picado
2 colheres (sopa) de cominho moído
1 pitada de pimenta-de-caiena
2 colheres (sopa) de Bragg Liquid Aminos

Rendimento: cerca de 1 ½L

Por ½ xícara:
calorias, 58;
proteínas, 3g;
gordura, 0g;
carboidratos, 11g;
fibras, 2g;
cálcio, 15mg;
sódio, 112mg.

1 Deixe o feijão de molho em água fervente suficiente para cobri-lo durante uma a duas horas. Escorra.

2 Ferva a água destilada em uma panela grande. Acrescente o feijão, o louro e o alho e cozinhe em fogo brando por uma hora.

3 Adicione o restante dos ingredientes e cozinhe em fogo brando por uma hora ou até o feijão ficar macio. Tempere a gosto.

4 Enquanto o feijão ainda estiver quente, retire as folhas de louro e bata-o no processador de alimentos ou aos poucos no liquidificador, com um pouco do caldo do cozimento, até ficar cremoso.

Risoto de Cogumelos Selvagens

Este prato de arroz cremoso combina com legumes grelhados ou cozidos no vapor. Preparar o risoto é diferente de preparar o arroz tradicional, porque você pode mexê-lo enquanto a água estiver secando e observar a beleza do prato se revelando. Sinta-se à vontade para experimentar outros tipos de cogumelo.

240g de shitake com os cabos retirados e reservados
1 ½L de caldo de legumes
2 colheres (chá) de azeite de oliva
4 cebolinhas verdes cortadas em fatias de 0,5cm de espessura
1 colher (sopa) de alho bem picado
⅓ de xícara de vinho branco ou caldo de legumes
2 colheres (chá) de tomilho fresco bem picado ou
    1 colher (sopa) de outras ervas frescas picadas
1 colher (sopa) de Bragg Liquid Aminos
1 pitada de pimenta-de-caiena ou ⅛ de colher
    (chá) de pimenta-do-reino moída
2 xícaras de arroz integral de grãos curtos ou arbóreo
2 xícaras de brotos de ervilha frescos ou congelados,
    ou de ervilhas-tortas

Rendimento: 4 porções

Por porção:
calorias, 326;
proteínas, 8g;
gordura, 4g;
carboidratos, 62g;
fibras, 6g;
cálcio, 64mg;
sódio, 175mg.

1 Cozinhe em fogo brando os cabos de cogumelos reservados no caldo de legumes durante 15 a 20 minutos.

2 Aqueça o azeite em uma caçarola grande. Acrescente as cebolinhas verdes e o alho e salteie por três a cinco minutos até dourarem ligeiramente.

3 Adicione os cogumelos, o vinho ou caldo de vegetais, as ervas, o Bragg e a pimenta-de-caiena e cozinhe em fogo brando por um minuto.

Pratos Típicos e Variados   203

4 Acrescente o arroz e 2 xícaras do caldo de legumes quente. Descarte os cabos antes de colocar os cogumelos no caldo. Continue a mexer o arroz até o caldo secar.

5 Adicione mais 2 xícaras do caldo quente e continue a mexer até secar.

6 Acrescente as ervilhas e o resto do caldo quente. Continue a mexer devagar até o caldo secar, e sirva.

Pão Saboroso de Lentilha

Esta versão nutritiva do pão de carne é de baixa gordura, rica em proteína e muito saborosa. Sirva com molho marinara ou de cogumelos selvagens, e purê de batata.

3 xícaras de água destilada ou pura
1 ½ xícara de lentilha verde ou rosa lavada
2 colheres (sopa) de Bragg Liquid Aminos
2 colheres (chá) de cominho moído
1 pitada de pimenta-de-caiena
1 cebola Vidalia ou amarela picada
1 colher (chá) de óleo de canola
1 colher (sopa) de alho bem picado
1 pimentão vermelho picado
¾ de xícara de arroz integral cozido
¾ de xícara de aveia trilhada
1 xícara de milho cozido e escorrido

Rendimento: 6 a 8 porções

Por porção:
calorias, 294;
proteínas, 14g;
gordura, 2g;
carboidratos, 53g;
fibras, 8g;
cálcio, 47mg;
sódio, 6mg.

1 Ponha em uma panela, em fogo médio, a água, a lentilha, o Bragg, o cominho e a pimenta.

2 Cozinhe até a lentilha ficar macia e o líquido evaporar.

3 Salteie as cebolas no óleo de canola até dourarem. Acrescente o alho e o pimentão e espere ficar macio.

4 Ponha a lentilha, as hortaliças e o restante dos ingredientes em uma panela grande e misture bem.

5 Preaqueça o forno a 190°C. Unte uma forma para pão com óleo de canola.

6 Coloque uniformemente a mistura de lentilha na forma e asse por 35 a 40 minutos.

7 Retire o pão do forno. Passe uma faca pela borda da forma para retirá-lo facilmente. Corte em fatias de 2cm de espessura e sirva.

Picadillo de Soja

Esta receita de chili latino é tão saborosa quanto a versão original, mas obviamente não contém carne moída. Você pode servir este prato sozinho, com arroz ou massas, ou como cobertura para batatas assadas. Outro modo de usar o picadillo é como recheio para o pastelão, uma especialidade porto-riquenha que consiste em um prato de forno feito com bananas-da-terra maduras. Veja a receita na p. 199.

1 colher (chá) de óleo de canola
1 cebola Vidalia ou amarela picada
1 pimentão vermelho ou amarelo grande picado
1 colher (sopa) de alho bem picado
2 colheres (sopa) de farinha integral para pastelaria
3 colheres (sopa) de chili em pó
1 colher (chá) de cominho moído
2 xícaras de caldo de legumes ou água
½ xícara de purê de tomate
1 colher (sopa) de tamari com baixo teor de sódio
1 ¼ de xícara de proteína de soja texturizada granulada
½ xícara de uvas-passas
½ xícara de azeitonas verdes fatiadas

Rendimento: 3 a 4 porções

Por porção:
calorias, 228;
proteínas, 17g;
gordura, 3g;
carboidratos, 34g;
fibras, 6g;
cálcio, 101mg;
sódio, 379mg.

1 Aqueça o óleo de canola em uma panela grande. Acrescente a cebola e salteie até dourar. Adicione o pimentão e o alho e continue a cozinhar por mais alguns minutos.

2 Abaixe o fogo. Misture a farinha, o chili em pó e o cominho e acrescente-os à mistura de hortaliças lenta e uniformemente. Se você fizer isso rápido demais, o molho poderá encaroçar.

3 Adicione o caldo de legumes, o purê de tomates e o tamari. Cozinhe em fogo brando até engrossar.

4 Acrescente a proteína de soja texturizada, as passas e as azeitonas. Cozinhe em fogo brando por dez a 12 minutos até os grânulos ficarem macios. Tempere a gosto e sirva.

Repolho Recheado (Golomki)

Por ser polonês, a experiência de comer o delicioso golomki que minha mãe preparava para o jantar é inesquecível. Quando ela me perguntou se eu tinha uma versão sem carne de sua especialidade clássica, achei que tinha a obrigação moral de recriá-la à moda vegan.

1 repolho verde grande sem o miolo e
    lavado (750g a 1kg)

1 colher (chá) de óleo de canola

500g de carne vegetal moída

MOLHO DE TOMATE

2 colheres (chá) de caldo de legumes ou azeite
    de oliva extravirgem

1 cebola Vidalia ou amarela grande picada

1 pimentão vermelho picado

1 colher (sopa) de alho bem picado

1 lata de 360g de tomates em cubos ou
    1 ½ xícara de tomates frescos em cubos

1 lata de 360g de purê de tomates

1 colher (sopa) de manjericão fresco picado
    grosseiramente

2 folhas de louro

½ xícara de malte de cereais (opcional)

1 pitada de pimenta-de-caiena

½ colher (chá) de sal marinho (opcional)

2 xícaras de arroz integral cozido

Rendimento: 4 a 6 porções

Por porção:
calorias, 226;
proteínas, 14g;
gordura, 2g;
carboidratos, 39g;
fibras, 7g;
cálcio, 122mg;
sódio, 55mg.

1 Ponha o repolho em cerca de 1L de água quente em uma panela grande e funda. Tampe e cozinhe no vapor em fogo médio-alto por cerca de 30 minutos até o repolho ficar macio.

Pratos Típicos e Variados 207

Passe-o cuidadosamente para um escorredor e deixe-o esfriar enquanto você prepara os outros ingredientes.

2 Unte uma frigideira com o óleo de canola e cozinhe a carne vegetal até dourar. Reserve.

3 Para preparar o molho de tomate, aqueça o caldo de legumes ou azeite de oliva em uma panela grande e doure ligeiramente a cebola, o pimentão e o alho.

4 Acrescente os cubos e o purê de tomate, o manjericão, as folhas de louro, o malte de cereais e a pimenta-de-caiena. Cozinhe por 20 a 30 minutos até os sabores se misturarem. Tempere a gosto.

5 Transfira a mistura de carne vegetal para uma tigela grande e acrescente 1 xícara do molho de tomate e o arroz cozido. Deixe esfriar um pouco.

6 Preaqueça o forno a 200°C. Ponha cerca de 1 ½ xícara do molho de tomate no fundo de uma travessa refratária de 23cm x 33cm, ou de 3L.

7 Tire uma a uma as folhas do repolho até serem pequenas demais para receber o recheio. Você pode cortar o resto em tiras finas e pôr nas laterais da travessa.

8 Passe uma folha de repolho para um prato. Com uma colher, ponha cerca de ⅓ de xícara da mistura de carne vegetal e arroz no centro da folha. Começando pela parte mais próxima de você, comece a enrolar a folha de repolho sobre o recheio, ao mesmo tempo colocando para dentro os lados da folha a fim de fechá-la. Quando a folha estiver totalmente enrolada, coloque-a na travessa refratária com a junção virada para baixo, para garantir que não se abrirá.

9 Enrole o restante das folhas de repolho e coloque-as lado a lado na travessa refratária. Cubra com um pouco do molho de tomate.

10 Cubra a travessa com filme plástico, depois com papel-alumínio, e leve ao forno por 45 minutos, até assar bem.

11 Sirva com o restante do molho. As sobras podem ser congeladas para uso futuro e reaquecidas sem perda de qualidade.

Pimentões Recheados com Carne Vegetal e Arroz Integral

Criei esta receita para uma empresa de gêneros alimentícios usar com seu produto de carne vegetal. Notável!

1 colher (chá) de óleo de canola

360g de carne vegetal moída

2 pimentões amarelos ou cor-de-laranja

2 pimentões vermelhos

MOLHO DE TOMATE

2 colheres (sopa) de caldo de legumes ou
   azeite de oliva extravirgem

2 cebolas Vidalia ou amarelas grandes picadas

1 pimentão vermelho picado

2 colheres (sopa) de alho bem picado

1 lata de 360g de tomates em cubos

1 lata de 360g de purê de tomates

1 colher (sopa) de manjericão picado grosseiramente

2 folhas de louro

½ xícara de malte de cereais (opcional)

1 pitada de pimenta-de-caiena

½ colher (chá) de sal marinho (opcional)

2 xícaras de arroz integral cozido

240g de queijo cheddar ou mozarela de soja cortado em tiras

Rendimento: 6 a 8 porções

Por porção:
calorias, 282;
proteínas, 19g;
gordura, 9g;
carboidratos, 34g;
fibras, 7g;
cálcio, 80mg;
sódio, 527mg.

1 Aqueça o óleo de canola em uma frigideira, acrescente a carne vegetal e cozinhe até dourar. Reserve.

2 Lave os pimentões. Corte ao meio no sentido do comprimento, retire as sementes e reserve.

3 Prepare o molho de tomate aquecendo o caldo de legumes ou azeite de oliva em uma panela de 3L, acrescentando a cebola, o pimentão e o alho e dourando ligeiramente.

4 Adicione os cubos e o purê de tomate, o manjericão, as folhas de louro, o malte de cereais, se você o usar, e a pimenta-de-caiena. Cozinhe por 20 a 30 minutos até os sabores se misturarem. Tempere a gosto.

5 Transfira a carne vegetal para uma tigela grande e acrescente 1 xícara do molho de tomate e o arroz cozido. Deixe esfriar um pouco.

6 Preaqueça o forno a 200°C. Ponha cerca de 1 ½ xícara do molho de tomate no fundo de uma travessa refratária de 23cm x 33cm (ou de 3L).

7 Recheie os pimentões com a mistura de arroz e carne vegetal.

8 Cubra a travessa com filme plástico, depois com papel-alumínio, e leve ao forno por 45 minutos, até os pimentões assarem bem.

9 Retire do forno e polvilhe os pimentões com queijo. Asse-os destampados por mais uns dez minutos, até o queijo derreter.

10 Retire os pimentões do forno e sirva com o restante do molho.

Chili de Legumes

Este é um de meus chilis favoritos. Fica ainda mais saboroso no dia seguinte. Sempre usamos feijão orgânico previamente cozido e temperado. Contudo, o feijão enlatado usado aqui lhe economizará muito tempo e esforço. Se seu tempo permitir, asse os pimentões primeiro para que o sabor fique ainda melhor.

Este chili é ótimo com pão de milho e arroz integral ou pilaf de quinoa, ou guarnecido com queijo de soja cortado em tiras. Pode ser conservado na geladeira por cinco a sete dias.

2 cebolas amarelas ou Vidalia

2 pimentões vermelhos

2 pimentões amarelos ou cor-de-laranja

1 berinjela pequena descascada

2 abobrinhas

2 abóboras-amarelas

3 tomates grandes maduros e sem sementes
   ou 1 lata de 480g de tomates em cubos

1 colher (sopa) de azeite de oliva

2 colheres (sopa) de alho bem picado

1 lata de 360g de purê de tomates

3 colheres (sopa) de chili em pó

2 colheres (sopa) de cominho moído

2 colheres (sopa) de coentro fresco picado

2 folhas de louro

½ colher (chá) de sal marinho (opcional)

1 pimenta jalapeño sem sementes e bem picada
   (veja o aviso na p. 20)

1 lata de 450g de feijão rajado ou feijão-vermelho

1 lata de 450g de feijão-preto

Rendimento: 6 a 8 porções

Por porção:
calorias, 253;
proteínas, 11g;
gordura, 2g;
carboidratos, 46g;
fibras, 10g;
cálcio, 84mg;
sódio, 32mg.

1 Corte todas as hortaliças em cubos de 2,5cm.

2 Em uma panela grande, aqueça o azeite de oliva e salteie as cebolas e o alho até dourarem.

3 Acrescente os pimentões, a berinjela, as abobrinhas e as abóboras-amarelas e continue a cozinhar até começarem a amaciar.

4 Adicione os cubos e o purê de tomate, o chili em pó, o cominho, o coentro, as folhas de louro e o sal e continue a cozinhar até se fundirem bem.

5 Escorra o feijão enlatado e acrescente-o à mistura de hortaliças. Tampe e cozinhe em fogo brando por 30 a 45 minutos, mexendo de vez em quando.

6 Tempere a gosto.

Pizza de Pão Árabe e Legumes

Esta receita de baixa gordura agradará a crianças e adultos. Outras sugestões para criar sua pizza gourmet personalizada: tomates secos, azeitonas fatiadas importadas, pimentões vermelhos assados, cebolas e cogumelos selvagens salteados, berinjela grelhada ou chili vegetariano.

3 pães árabes integrais de 20cm (também podem ser menores),
  ou Focaccia, (ver pp. 116-118)
2 colheres (sopa) de azeite de oliva extravirgem
2 colheres (chá) de alho bem picado
2 colheres (chá) de orégano fresco bem picado
2 tomates grandes e maduros picados
1 pitada de pimenta-de-caiena
500g de espinafre fresco, ou um pé de alface-romana ou escarola,
  lavado, sem os talos e escorrido
240g de cogumelos lavados e cortados em fatias de 0,5cm de espessura
1 lata de 480g de corações de alcachofra escorridos e fatiados (opcional)
360g de mozarela de soja cortada em tiras (se possível, livre de gordura)

Rendimento: 4 a 6 porções

Por porção:
calorias, 202;
proteínas, 11g;
gordura, 6g;
carboidratos, 21g;
fibras, 6g;
cálcio, 445mg;
sódio, 405mg.

1 Preaqueça o forno a 200°C.

2 Abra os pães árabes ao meio com uma faca serrilhada para ficarem parecidos com massas de pizza.

3 Bata bem no liquidificador o azeite de oliva e metade do alho e do orégano.

4 Com um pincel de cozinha, pincele levemente as metades de pão árabe com a mistura de azeite de oliva.

5 Asse os pães árabes em uma assadeira por seis a oito minutos até ficarem dourados e crocantes. Reserve para esfriar.

6 Misture os tomates com o restante do alho e do orégano, e a pimenta-de-caiena.

7 Ponha os pães árabes em uma superfície limpa com a parte interna virada para cima. Cubra totalmente com as folhas de espinafre e a seguir com uma camada de cogumelos, tomates e alcachofras.

8 Cubra com a mozarela de soja e asse na grade superior do forno por seis a oito minutos, **ou** até o queijo derreter completamente.

Pratos de Batata

Batatas Assadas

Sejam batatas comuns, doces ou inhames, nossos hóspedes sempre dizem que as nossas são muito mais gostosas do que as que eles preparam em casa. Eu comento humildemente: "As coisas tendem a ser mais gostosas quando outra pessoa as cozinha para você." Mas alguns ainda acham que há um segredo em assar batatas. Bem, eis a nossa receita não tão secreta de batatas assadas. Se nenhuma dessas idéias tornarem suas batatas tão boas quanto as servidas no Regency House Spa, acho que o verdadeiro segredo deve ser o ar salgado do mar e a atmosfera tranqüila de nossa pequena jóia de spa.

Por batata:
calorias, 220;
proteínas, 3g;
gordura, 0g;
carboidratos, 51g;
fibras, 5g;
cálcio, 20mg;
sódio, 16mg.

1 Preaqueça o forno a 200°C.

2 Escove ou lave as batatas com uma esponja de náilon em água fria corrente. Você pode usar um pouquinho de sabão atóxico diluído em água para lavar as batatas, e em seguida enxaguá-las.

3 Ponha as batatas diretamente na grade superior do forno e asse durante uma hora. Só isso!

Dicas

- Resista à vontade de embrulhar as batatas em papel-alumínio. Isso tornará as cascas moles e viscosas e a polpa, densa e úmida. Esfregar as batatas com óleo produzirá um efeito parecido de cozimento no vapor, mas não é de modo algum necessário. Você pode furar previamente as batatas com uma faca, o que deixará o vapor escapar, com excelentes resultados.
- Se você não for servir as batatas imediatamente, diminua a temperatura do forno para 110°C, a fim de que se mantenham quentes. Não recomendo fazer isso por mais de 20 ou 30 minutos porque as batatas ficarão moles. As comuns se tornarão pegajosas e amareladas, e perderão o sabor.
- Ao assar batatas-doces, forre a base do forno com papel-alumínio, ou coloque uma bandeja de papel-alumínio descartável debaixo delas para aparar os pingos.
- Se você estiver com pressa e usar o forno de microondas, eis uma alternativa de receita "rápida". Ponha as batatas no microondas por cinco minutos e preaqueça o forno a 200°C. Retire as batatas do microondas e coloque-as diretamente na grade superior do forno por oito a dez minutos até as cascas ficarem crocantes como você gosta. Sirva imediatamente.

Cascas de Batatas Assadas com Baixo Teor de Gordura

Esta é uma versão muito mais nutritiva e com baixo teor de gordura das populares cascas de batatas assadas.

4 batatas comuns para assar
120g de cheddar ou mozarela de soja
3 cebolinhas verdes cortadas em fatias finas
¾ de xícara de bacon vegetariano ou tofu defumado cozido e esmigalhado (opcional)
1 xícara de creme azedo de leite de soja ou arroz (opcional)

Rendimento: 3 a 4 porções

Por porção:
calorias, 290;
proteínas, 11g;
gordura, 4g;
carboidratos, 52g;
fibras, 5g;
cálcio, 150mg;
sódio, 196mg.

1 Preaqueça o forno a 200°C.

2 Escove as batatas e as coloque diretamente na grade do forno. Asse por uma hora.

3 Tire do forno para esfriarem. Corte o queijo em tiras e pique bem as cebolinhas.

4 Corte as batatas ao meio no sentido do comprimento e retire com uma colher ⅔ da polpa.

5 Coloque as batatas com as cascas para baixo em uma assadeira. Polvilhe o bacon vegetariano esmigalhado, se o usar, e cubra generosamente com as tiras de queijo.

6 Leve de volta ao forno e asse na grade superior por oito a dez minutos, ou até o queijo derreter.

7 Guarneça com as cebolinhas. Se quiser, sirva com creme azedo de leite de soja.

Batatas Champs Elysées

Este prato de forno foi criado por Escoffier, o pai da cozinha francesa, dedicado ao mundialmente famoso bulevar parisiense do mesmo nome. É uma combinação muito saborosa de batatas, queijo e cogumelos.

4 batatas grandes
1 colher (chá) de azeite de oliva
1 colher (sopa) de margarina de soja*
1 cebola picada
1 colher (sopa) de alho bem picado
500g de champignon fatiados
½ colher (chá) de sal marinho (opcional)
¼ de colher (chá) de pimenta-do-reino moída
360g de cheddar de soja cortado em tiras

Rendimento: 6 a 8 porções

Por porção:
calorias, 249;
proteínas, 8g;
gordura, 2g;
carboidratos, 46g;
fibras, 5g;
cálcio, 259mg;
sódio, 359mg.

1 Descasque as batatas e passe no lado grosso de um ralador. Ponha em água fria para evitar a descoloração.

2 Preaqueça o forno a 200°C.

3 Aqueça o azeite e a margarina em uma frigideira, acrescente as cebolas e cozinhe por cerca de três minutos. Adicione o alho e continue a saltear até ficar ligeiramente dourado.

4 Acrescente os cogumelos, o sal e a pimenta e cozinhe por cerca de cinco minutos. Escorra o líquido.

5 Coloque as batatas raladas em um escorredor e aperte para sair o máximo de líquido possível.

---

*A margarina de soja é composta de proteína isolada de soja livre de transgênicos, extrato de leite de soja, óleo de soja não-hidrogrenado e aditivos. No Brasil, são comercializados os cremes vegetais, assim denominados por não possuírem leite em sua fórmula. (*N. da R.T.*)

6 Unte levemente de óleo ou margarina de soja uma travessa refratária de 20cm x 20cm.

7 Ponha uma camada de 1,5cm de batatas no fundo da travessa.

8 Cubra com uma camada de cogumelos seguida de uma de queijo. Complete com uma camada de batatas, uma de cogumelos e uma generosa de queijo.

9 Ponha a travessa na grade inferior do forno e asse por 25 a 30 minutos, ou até o queijo borbulhar e dourar ligeiramente. Corte em quadrados. Para servir com mais facilidade, use duas espátulas, uma para erguer as batatas e outra para empurrá-las para a travessa.

Batatas Duquesa

Eis uma oportunidade de você usar suas habilidades com o saco de confeitar. Basicamente, este prato clássico francês é composto de purê de batatas com ovos e creme. É claro que descobrimos um modo de torná-lo livre de colesterol.

Você pode usar as batatas para enfeitar pratos como legumes gratinados ou *coquilles St. Jacques*. Também pode experimentar preparar "batatas duquesa pequenas", fazendo círculos menores e mais baixos.

4 batatas
⅔ de xícara de leite de arroz, soja ou aveia
½ colher (chá) de sal marinho (opcional)
2 colheres (sopa) de cebolinhas francesas picadas (opcional)
⅛ de colher (chá) de noz-moscada
1 pitada de pimenta-de-caiena ou outra pimenta moída
90g de cheddar de soja ou outro queijo vegetal fatiado

Rendimento: 8 a 10 porções

Por porção:
calorias, 110;
proteínas, 4g;
gordura, 2g;
carboidratos, 20g;
fibras, 2g;
cálcio, 51mg;
sódio, 64mg.

1 Descasque as batatas, corte em cubos de 2,5cm e ponha em uma tigela de água fria para evitar a descoloração. Tente combinar o tempo de cozimento das batatas com o do aquecimento do leite de arroz ou soja no Passo 4. Não deixe as batatas esfriarem. Isso acarretará em mais caroços quando você as amassar e tornará difícil fazê-las passar pelo saco de confeitar.

2 Ferva uma panela grande de água e cozinhe as batatas por 15 a 18 minutos, ou até ficarem macias. Depois as escorra e leve de volta à panela, ou ponha em uma tigela grande. Preaqueça o forno a 220°C.

3 Enquanto as batatas estiverem cozinhando, aqueça em uma frigideira o leite de arroz ou outra alternativa, o sal, as cebolinhas francesas, a noz-moscada e a pimenta; não deixe ferver.

4 Amasse as batatas e as borrife com a mistura de leite de arroz até ficarem um pouco cremosas, mas não moles demais.

5 Acrescente as tiras de queijo à mistura de batatas. Unte levemente uma assadeira com óleo de canola.

6 Ponha um bico grande de rosa bem aberto na ponta de um saco de confeitar grande, e algumas colheres da mistura de batatas no saco. Não o encha demais.

7 Torça a ponta de cima do saco de confeitar para fechá-lo. Aperte-o devagar, formando um círculo de 7,5cm. Quando você completar o círculo-base, aperte mais algumas vezes, em um movimento circular, até atingir o topo. Tenha o cuidado de não deixar ficar alto demais, ou poderá desmanchar. Polvilhe um pouco de páprica ou parmesão para enfeitar. Continue a apertar e pôr as batatas no saco até terminar. Deixe um pequeno espaço entre as batatas.

8 Asse na grade inferior do forno por 15 a 18 minutos até dourar ligeiramente. Para obter um resultado melhor, sirva com uma espátula de metal.

Batatas *Lyonnaise*

Lyonnaise é um termo francês para comida acompanhada de cebolas. Deriva da cidade de Lyon, que tem uma renomada tradição gastronômica. Essas batatas ficam ótimas no café-da-manhã, almoço ou jantar. Nós as servimos com nosso quiche de tofu, tofu mexido ou hortaliças cozidas no vapor.

500g de batatas vermelhas novas
1 colher (sopa) de óleo de canola
1 colher (sopa) de margarina de soja
1 cebola amarela ou branca cortada em fatias finas
1 colher (sopa) de alho bem picado (opcional)
½ colher (chá) de sal marinho (opcional)
¼ de colher (chá) de pimenta-do-reino recém-moída
½ colher (chá) de páprica (opcional)

Rendimento: 3 a 4 porções

Por porção:
calorias, 169;
proteínas, 2g;
gordura, 5g;
carboidratos, 30g;
fibras, 3g;
cálcio, 19mg;
sódio, 45mg.

1 Escove e corte as batatas em fatias de 1,5cm de espessura. Ponha-as em uma tigela de água fria para evitar a descoloração.

2 Ferva uma panela de água. Escorra e cozinhe as batatas por cerca de cinco minutos. Escorra novamente as batatas.

3 Aqueça o óleo e a margarina em uma frigideira grande. Acrescente as cebolas e as salteie em fogo médio-alto por cerca de cinco minutos, mexendo de vez em quando até dourarem ligeiramente.

4 Adicione o alho e continue a cozinhar por um a dois minutos.

5 Acrescente as batatas cozidas e os temperos opcionais, e misture bem com a cebola.

6 Mantenha em fogo médio até as batatas ficarem macias.

Batatas Novas com Ervas Douradas no Forno

Estas batatas são ótimas para o café-da-manhã, almoço ou jantar.

8 batatas novas
2 colheres (sopa) de azeite de oliva extravirgem
2 colheres (chá) de alho bem picado
2 colheres (sopa) de salsa fresca picada
1 colher (sopa) de tomilho ou alecrim fresco picado
½ colher (chá) de sal marinho (opcional)
⅔ de xícara de parmesão de soja ralado

Rendimento: 6 a 8 porções

Por porção:
calorias, 203;
proteínas, 7g;
gordura, 5g;
carboidratos, 32g;
fibras, 3g;
cálcio, 8mg;
sódio, 214mg.

1 Preaqueça o forno a 220°C.

2 Escove as batatas em água fria corrente. Corte em quatro partes e cubra com água fria.

3 Bata no liquidificador o azeite de oliva com o alho, a salsa, o tomilho ou alecrim e o sal. Escorra bem as batatas.

4 Jogue a mistura de azeite sobre as batatas e espalhe-as em uma assadeira.

5 Asse por 45 minutos a uma hora. Retire do forno e polvilhe com parmesão de soja. Retorne à grade superior do forno por cerca de dez minutos, ou até o parmesão ficar ligeiramente dourado e crocante.

Palitos de Batata-Doce Assados no Forno

Atenção: é uma boa idéia preparar palitos extras para que não acabem rapidamente! Para um sabor caramelado, asse por mais tempo, tendo o cuidado de não deixar queimar.

4 batatas-doces descascadas
¼ de xícara de azeite de oliva extravirgem
1 colher (chá) de alho bem picado
2 colheres (chá) de tomilho ou alecrim fresco picado
2 colheres (chá) de manjericão ou orégano fresco picado.

Rendimento: 4 porções

Por porção:
calorias, 277;
proteínas, 2g;
gordura, 13g;
carboidratos, 38g;
fibras, 3g;
cálcio, 18mg;
sódio, 12mg.

1 Preaqueça o forno a 220°C

2 Escove as batatas-doces em água fria corrente. Abra-as ao meio no sentido do comprimento e corte-as em fatias em forma de cunha de 2cm de espessura.

3 Bata o azeite, o alho e as ervas no liquidificador ou em uma tigela.

4 Jogue a mistura de óleo sobre as batatas e coloque-as em uma assadeira.

5 Asse por 45 minutos a uma hora na grade superior do forno, ou até ficarem macias e um pouco tostadas.

Batatas Assadas Duplamente Recheadas

Com a tenra idade de 16 anos, eu era o chef do Smitty's Steak and Lobster em minha cidade natal de Baltimore, Maryland. Preparava centenas de batatas "marinheiro" recheadas com pedaços de bacon, creme azedo e cheddar. Esta receita vegetariana tem exatamente o mesmo gosto dos pratos que eu preparava anos atrás... porém é mais saudável!

3 batatas comuns grandes escovadas
6 batatas vermelhas novas escovadas e cortadas
   em quatro partes
2L de água destilada ou pura
1 xícara de leite de arroz ou soja escaldado
4 fatias de bacon vegetariano ou tofu defumado,
   assado e esmigalhado
3 cebolinhas verdes bem picadas
3 colheres (sopa) de creme azedo de leite de
   soja ou arroz (opcional)
1 colher (sopa) de alho bem picado
½ colher (chá) de sal marinho (opcional)
1 pitada de pimenta-de-caiena
60g de cheddar de soja cortado em tiras
2 colheres (sopa) de parmesão de soja ralado
   (opcional)

Rendimento: 6 porções

Por porção:
calorias, 296;
proteínas, 8g;
gordura, 2g;
carboidratos, 60g;
fibras, 7g;
cálcio, 96mg;
sódio, 181mg.

1 Preaqueça o forno a 200°C. Asse as batatas comuns por uma hora. Deixe à parte para esfriar.

2 Ferva a água. Cozinhe as batatas novas até ficarem bem macias. Em seguida, leve-as de volta à panela, ou ponha em uma tigela.

3 Preaqueça novamente o forno a 200°C. Corte as batatas assadas no sentido do comprimento e retire a polpa com uma colher.

4 Acrescente a polpa, o leite de arroz, as cebolinhas, o creme azedo, o alho, o sal e a pimenta-de-caiena à mistura de batatas vermelhas e amasse usando um espremedor ou uma batedeira.

5 Recheie as cascas com a mistura de batatas e cubra com os queijos.

6 Asse por 18 a 20 minutos ou até os queijos derreterem. Sirva quente.

Batatas ao Forno com Molho Cremoso

Quando o proprietário do Regency Spa, o Sr. Nick Dejnega, desejou comer batatas ao forno com molho cremoso, esse foi o desafio de que eu precisava para criar uma versão vegetariana nutritiva do prato original.

3 batatas
1 caixa de 370g de tofu extrafirme de sabor suave
    ou comum macio
1 colher (chá) de alho bem picado
2 colheres (chá) de missô amarelo, ou ¼ de colher
    (chá) de sal marinho (opcional)
1 pitada de noz-moscada moída
1 pitada de pimenta-de-caiena ou pimenta-do-reino
    recém-moída
½ xícara de parmesão de soja ou arroz

Rendimento: 4 porções

Por porção:
calorias, 262;
proteínas, 15g;
gordura, 4g;
carboidratos, 42g;
fibras, 5g;
cálcio, 39mg;
sódio, 317mg.

1 Descasque as batatas e corte-as lenta e cuidadosamente em fatias de 0,5cm de espessura com uma faca afiada. Isso garantirá fatias uniformes e (mais importante ainda) evitará que você corte o dedo. Ponha as batatas em água fria para evitar a descoloração.

2 Preaqueça o forno a 220°C. Ferva uma panela de água.

3 Escorra as batatas e as cozinhe parcialmente por seis a oito minutos.

4 Passe-as para um escorredor, tomando cuidado de não deixar que se partam.

5 Prepare um molho cremoso batendo bem no liquidificador o tofu, o alho, o missô ou sal, a noz-moscada e a pimenta.

6 Unte levemente uma travessa refratária de 20cm x 20cm. Forre o fundo com uma camada de batatas, sobrepondo-as em linhas retas.

7 Despeje o molho cremoso uniformemente sobre as batatas, até cobri-las bem.

6 Polvilhe generosamente o parmesão de soja sobre as batatas ao longo das mesmas linhas em que as dispôs.

9 Ponha o prato na grade superior do forno e asse por 30 a 35 minutos, ou até o queijo dourar e as batatas ficarem macias. Você pode usar um garfo ou uma faca para testar.

Torta do Pastor

Você adorará esta versão vegan de um velho favorito livre de colesterol e com teor muito mais baixo de gordura. Caso deseje um prato mais leve, substitua a carne vegetal por brócolis e pedaços de cenoura.

Para um toque decorativo, se você tiver um saco de confeitar e bico de rosa, pode guarnecer a torta com purê de batata extra no perímetro do prato de forno. O Caldo de Cogumelos Selvagens na p. 88 é um ótimo acompanhamento para este prato.

1 colher (chá) de óleo de canola, ou ¼ de caldo de legumes
1 cebola amarela grande picada
2 colheres (chá) de alho bem picado
240g de cogumelos fatiados (opcional)
360g de carne vegetal moída
1 pimentão vermelho picado
2 colheres (sopa) de Bragg Liquid Aminos
1 pitada de pimenta-de-caiena
2 xícaras de milho cozido
4 batatas vermelhas grandes descascadas e cortadas
    em quatro partes
1 xícara de leite de arroz, soja ou aveia escaldado
1 colher (sopa) de missô amarelo
1 colher (sopa) de alho bem picado
1 pitada de pimenta-de-caiena
Páprica, para guarnecer

Rendimento: 8 porções

Por porção:
calorias, 196;
proteínas, 11g;
gordura, 3g;
carboidratos, 34g;
fibras, 5g;
cálcio, 44mg;
sódio, 421mg.

1 Aqueça o óleo ou ¼ de xícara de caldo de legumes em uma frigideira. Acrescente a cebola e o alho, e doure ligeiramente ou cozinhe em fogo brando até ficarem macios. Adicione os cogumelos e cozinhe por três minutos.

2 Acrescente a carne vegetal, o pimentão vermelho e a pimenta-de-caiena. Cozinhe em fogo brando por dez minutos. Em seguida, adicione o milho e tampe. Abaixe o fogo para morno e deixe assentar.

3 Ferva uma panela de água e cozinhe as batatas até ficarem macias.

4 Escorra-as, acrescente o leite de arroz ou soja, o missô, 1 colher (sopa) de alho picado e o restante da pimenta-de-caiena. Misture bem.

5 Preaqueça o forno a 200°C.

6 Espalhe uniformemente a mistura de carne vegetal em uma travessa refratária de 25cm x 32,5cm e cubra com a mistura de batatas.

7 Polvilhe com páprica e asse na grade superior do forno por 35 a 40 minutos, ou até ficar ligeiramente dourado.

8 Retire do forno e sirva quente, cortando com uma espátula de metal para obter pedaços uniformes.

Pratos de Batata   231

Suflê de Batata-Doce

Este suflê livre de ovo pode ser consumido o ano todo. Quando você o experimentar, talvez não consiga esperar o próximo feriado para saboreá-lo de novo.

4 batatas-doces grandes descascadas e cortadas em quatro partes
⅔ de xícara de leite de arroz, soja ou amêndoa escaldado
2 colheres (chá) de canela moída
2 colheres (chá) de noz-moscada moída
1 xícara de malte de cereais ou bordo
⅔ de nozes-pecãs picadas
1 xícara de aveia trilhada

Rendimento: 6 a 8 porções

Por porção:
calorias, 313;
proteínas, 5g;
gordura, 7g;
carboidratos, 57g;
fibras, 5g;
cálcio, 25mg;
sódio, 13mg.

1 Ferva uma panela de água e cozinhe as batatas até ficarem bem macias.

2 Preaqueça o forno a 200°C.

3 Escorra e transfira as batatas para uma tigela grande.

4 Misture-as com o leite de arroz e metade da canela e da noz-moscada.

5 Ponha a mistura de batatas em uma travessa refratária de 25cm x 32,5cm e alise-a com uma espátula.

6 Em uma tigela pequena, misture o resto da canela e da noz-moscada com as nozes-pecãs e a aveia trilhada.

7 Acrescente o malte de cereais à mistura de nozes e espalhe-a uniformemente sobre as batatas. Se você quiser uma cobertura mais doce, ponha mais xarope de arroz.

8 Asse por 35 a 40 minutos na grade superior do forno, ou até a cobertura ficar um ligeiramente dourada e crocante.

Hortaliças

Refogado de Aspargos e Bok Choi

Este é um de meus acompanhamentos preferidos. Espero que também se torne um dos seus. Embora esta receita seja chamada de "refogado", não aquecemos o óleo. Acrescentamos óleo de gergelim torrado depois que as hortaliças estiverem cozidas para lhes dar sabor. Sinta-se à vontade para adicionar a este prato qualquer uma de suas hortaliças favoritas, como palitos de cenoura ou jicama, chapéus de shitake, fatias de pimentão vermelho ou amarelo, fatias de cebola ou cebolinha verde, castanhas d'água ou brotos de bambu.

500g de aspargos frescos

3 talos de bok choi

2 colheres (sopa) de tamari ou molho de soja
    com baixo teor de sódio

1 colher (chá) de gengibre finamente ralado

1 colher (chá) de alho bem picado

1 colher (chá) de óleo de gergelim torrado

1 colher (sopa) de sementes de gergelim para guarnecer

Rendimento: 4 porções

Por porção:
calorias, 67;
proteínas, 4g;
gordura, 2g;
carboidratos, 7g;
fibras, 3g;
cálcio, 125mg;
sódio, 351mg.

1 Apare as bases dos aspargos e corte os talos em pedaços de 2,5cm. Apare as folhas do bok choi e corte diagonalmente os talos em fatias de 1,5cm.
Embora as folhas não sejam usadas nesta receita, você pode acrescentá-las cortadas em tiras finas, ou refogá-las separadamente com um pouco de alho, óleo de gergelim e um borrifo de vinagre de arroz.

2 Torre as sementes de gergelim em uma frigideira pequena em fogo médio por três a cinco minutos, até dourarem.

3 Misture os aspargos e o bok choi e cozinhe-os com água a 1,5cm acima deles por cerca de três minutos, ou até os aspargos ficarem *al dente*. Escorra o resto do líquido.

4 Enquanto as hortaliças cozinham, bata no liquidificador o tamari, o gengibre, o alho e o óleo de gergelim, formando uma mistura homogênea.

5 Salpique as hortaliças com a quantidade desejada da mistura. Sacuda e sirva guarnecido com sementes de gergelim torradas.

Nabo-Brócolis (Rapini)

Realmente uma das verduras mais subestimadas, o nabo-brócolis é escuro e folhoso e possui flores pequenas e delicadas como as dos brócolis ligadas às suas hastes finas. Sem tempero, muitas pessoas podem achá-lo amargo e de sabor desagradável. Na cozinha italiana tradicional, é servido com suco de limão fresco. Tenho meu próprio modo especial de preparar este prato, tão bom que freqüentemente o sirvo como meu prato principal. É delicioso! Você também pode experimentar esta receita com outras verduras como acelga, couve e couve-galega, ou uma combinação de todas elas.

3 molhos de nabo-brócolis ou brócolis comum (cerca de 500g) lavados em água fria
⅓ de xícara de azeite de oliva extravirgem
1 colher (sopa) de Bragg Liquid Aminos
2 colheres (chá) de alho bem picado
1 pitada de pimenta-de-caiena
⅓ de xícara de parmesão de soja ou arroz

Rendimento: 6 a 8 porções

Por porção:
calorias, 120;
proteínas, 4g;
gordura, 10g;
carboidratos, 4g;
fibras, 2g;
cálcio, 31mg;
sódio, 210mg.

1 Cozinhe o nabo-brócolis ou o brócolis em uma panela com água à altura de 2,5cm por três a cinco minutos, ou até os talos mais grossos ficarem macios. Desligue o fogo e escorra o líquido restante da panela.

2 Enquanto o brócolis estiver cozinhando, bata o azeite de oliva, o Bragg, o alho e a pimenta-de-caiena no liquidificador até ficarem cremosos.

3 Salpique o brócolis com a quantidade desejada da mistura. Sacuda para cobrir bem. Talvez você precise aquecer um pouco mais o brócolis.

4 Cubra com uma camada generosa de parmesão de soja e sirva.

Brócolis com Alho e Coco ao Molho Tamari

O sabor tentador do molho tamari dá aos brócolis cozidos no vapor uma nova dimensão.

1 pé de brócolis
¼ de xícara de tamari com baixo teor de sódio
¼ de xícara de flocos de coco não-adoçados
    (se você usar coco adoçado, prove o molho antes
    de acrescentar o xarope de arroz)
¼ de xícara de malte de cereais
¼ de xícara de água destilada ou pura
2 colheres (chá) de alho bem picado
1 pitada de pimenta-de-caiena
2 colheres (sopa) de araruta
2 colheres (sopa) de água destilada ou pura

Rendimento: 8 a 10 porções
(1 xícara de molho)

Por porção:
calorias, 103;
proteínas, 2g;
gordura, 4g;
carboidratos, 14g;
fibras, 3g;
cálcio, 40mg;
sódio, 291mg.

1 Retire as folhas externas dos brócolis e corte em lâminas. Cozinhe no vapor ou afervente os brócolis por oito a dez minutos, até ficarem macios.

2 Bata no liquidificador os demais ingredientes, exceto a araruta e a água.

3 Misture bem a araruta e a água em uma tigela pequena.

4 Aqueça a mistura batida em uma panela pequena. Quando ferver, acrescente a mistura de araruta e continue a cozinhar até formar um molho grosso. Se o molho engrossar demais, ponha mais um pouco de água.

5 Escorra os brócolis e despeje por cima o molho com uma colher. Sirva quente.

Hortaliças 237

Couve-Flor e Brotos de Ervilha Cremosos

O uso de creme azedo de leite de arroz nesta receita oferece uma alternativa maravilhosa livre de laticínios.

1 pé de couve-flor cortada em flores
1 xícara de creme azedo de leite de arroz ou soja
½ xícara de leite de soja ou arroz
2 colheres (chá) de alho bem picado
2 colheres (sopa) de Bragg Liquid Aminos
1 pitada de pimenta-de-caiena
1 pacote de 300g de brotos de ervilha congelados
    ligeiramente cozidos no vapor
2 colheres (sopa) de endro fresco picado

Rendimento: 4 a 6 porções

Por porção:
calorias, 100;
proteínas, 6g;
gordura, 3g;
carboidratos, 14g;
fibras, 4g;
cálcio, 33mg;
sódio, 373mg.

1 Cozinhe a couve-flor no vapor ou em água por oito a dez minutos até ficar macia.

2 Em uma panela grande, misture o creme azedo, o leite de soja, o alho, o endro, o Bragg e a pimenta-de-caiena. Cozinhe em fogo brando.

3 Quando a mistura de creme azedo estiver quente, acrescente a couve-flor e as ervilhas, e aqueça por um minuto.

4 Tempere a gosto e sirva quente.

Berinjela Grelhada com Pimentões Assados

Este prato é maravilhoso quente ou como antepasto, na forma de salada.

1 berinjela
2 pimentões vermelhos, cor-de-laranja ou amarelos
MARINADA
⅓ de xícara de água destilada ou pura
2 colheres (sopa) de azeite de oliva extravirgem
1 colher (sopa) de manjericão ou orégano fresco picado
1 colher (chá) de alho bem picado
1 colher (sopa) de Bragg Liquid Aminos
1 pitada de pimenta-de-caiena

Rendimento: 3 a 4 porções

Por porção:
calorias, 123;
proteínas, 2g;
gordura, 8g;
carboidratos, 12g;
fibras, 4g;
cálcio, 12mg;
sódio, 196mg.

1 Lave, descasque e corte a berinjela em fatias de 1,5cm. Corte os pimentões em quatro partes e retire as sementes.

2 Bata no liquidificador ou rapidamente à mão os ingredientes da marinada.

3 Coloque as fatias de berinjela em uma assadeira e pincele os dois lados com a marinada.

4 Preaqueça o grill em temperatura alta durante cerca de cinco minutos.

5 Coloque as fatias de berinjela no grill; vire-as quando aparecerem marcas escuras de um lado.
Você também pode assar a berinjela no forno. Regule a temperatura para 260°C. Coloque a assadeira na grade superior e asse por cerca de 12 minutos até as fatias ficarem com um tom médio de marrom. Retire e sirva. Se usar o forno, só precisará cozinhar de um lado.

6 Ao mesmo tempo, grelhe os pimentões com o lado das cascas para baixo até tostarem. Retire do grill, deixe esfriar e descasque.

7 Para servir este prato como antepasto, na forma de salada, coloque as fatias grelhadas de berinjela sobrepostas sobre uma camada de alface. Guarneça com os pimentões assados.

Hortaliças

Legumes Grelhados

A churrasqueira desempenha um papel muito importante na cozinha, realmente alegrando nossas refeições. Os legumes a seguir são ótimos para grelhar, mas experimente seus favoritos. Para dar mais sabor, ponha algumas lascas úmidas de algarobeira ou noz-pecã na pedra antes de usar.

MARINADA
¼ de xícara de óleo de canola, amendoim ou oliva
1 colher (sopa) de ervas frescas picadas
    (manjericão, orégano, estragão, tomilho, alecrim etc.,
    ou uma combinação de suas ervas frescas favoritas –
    pode ser uma pitada de ervas secas)
1 colher (chá) de alho bem picado
1 colher (sopa) de Bragg Liquid Aminos
1 pitada de pimenta-de-caiena
Berinjela, abobrinha, abóbora-moranga, batata-doce ou
    batatas comuns, tomates verdes, tomatillos,
    cogumelos portobello ou shitake,
    pimentões vermelhos, cor-de-laranja
    ou amarelos

1 Bata no liquidificador ou rapidamente à mão os ingredientes da marinada.

2 Preaqueça a churrasqueira em temperatura alta.

3 Lave e corte seus legumes favoritos em fatias de 1,5cm de espessura. Se você usar pimentões, corte os lados para que fiquem planos. Para grelhar os cogumelos, retire os cabos.

4 Arrume os legumes em uma assadeira e pincele levemente com a marinada.

5 Ponha o lado pincelado sobre a grelha da churrasqueira e pincele com mais marinada enquanto grelham.

6 Quando a parte inferior dos legumes ficar com marcas escuras, vire-os.

7 Sirva quente ou, se preferir os legumes mais macios, leve-os ao forno a 190°C para rematar.

Bananas-da-Terra Glaceadas com Laranja e Gengibre

As bananas-da-terra, maiores do que as outras bananas, são o esteio da cozinha caribenha. Quando amarelas e firmes, são tradicionalmente fritas, amassadas e refritas – dificilmente um prato de baixa gordura. Outro modo de consumi-las é deixar que amadureçam bem e fiquem com as cascas pretas. É assim que as usaremos nesta receita.

1 xícara de suco de laranja espremido na hora
⅔ de xícara de malte de cereais
1 colher (sopa) de gengibre fresco ralado
2 bananas-da-terra bem maduras, descascadas e
    abertas no sentido do comprimento e
    depois cortadas em quatro partes
2 colheres (chá) de sementes de gergelim torradas

Rendimento: 3 a 4 porções

Por porção:
calorias, 352;
proteínas, 2g;
gordura, 0g;
carboidratos, 83g;
fibras, 3g;
cálcio, 31mg;
sódio, 8mg.

1 Misture o suco de laranja, o xarope e o gengibre. Deixe levantar fervura e reduzir à metade de seu volume original.

2 Preaqueça o forno a 200°C.

3 Coloque as fatias de banana-da-terra com o lado plano para baixo em um prato de servir ou uma assadeira.

4 Borrife com o xarope e, em seguida, cubra com as sementes de gergelim.

5 Asse por 20 a 25 minutos até o xarope borbulhar e ficar com um tom dourado-claro, mas não queimado. Sirva quente com o restante do xarope.

Pimentões Assados

O processo de assar revela a doçura natural dos pimentões e lhes confere um sabor levemente defumado. É muito mais fácil assá-los do que você imagina. Não recomendamos o uso de pimentões verdes crus em nossas receitas devido ao fato de não terem amadurecido! Contudo, são aceitáveis assados. Você também pode assar os pimentões com o lado da casca sobre a grelha, ou em uma chama aberta segurando-os com um par de pinças de metal até as cascas tostarem.

3 pimentões vermelhos, amarelos ou verdes
1 colher (chá) de óleo de canola ou amendoim.

Rendimento: 4 porções

Por porção:
calorias, 24;
proteínas, 0g;
gordura, 1g;
carboidratos, 3g;
fibras, 1g;
cálcio, 3mg;
sódio, 2mg.

1 Preaqueça o forno a 260°C para grelhar.

2 Corte os pimentões em fatias de 5cm de espessura.

3 Unte levemente uma assadeira com uma toalha de papel e ponha nela os pimentões com as cascas viradas para cima.

4 Coloque a assadeira na grade superior do forno preaquecido e asse os pimentões por 15 a 20 minutos até ficarem ligeiramente tostados. Retire.

5 Cubra a assadeira com outra assadeira invertida e deixe os pimentões no vapor por cerca de cinco minutos. Você também pode pôr os pimentões em um saco plástico, fechá-lo e deixar que fiquem no vapor por cinco minutos.

6 Quando os pimentões esfriarem, retire as cascas tostadas e sirva-os assim mesmo, cortados em tiras finas ou como uma guarnição para as saladas, os legumes ou os pratos principais de sua preferência.

Spanakopitas

Esta especialidade grega clássica é recriada com mozarela de soja substituindo o queijo feta. Você também pode acrescentar tofu esmigalhado.

É preciso ter muita delicadeza para trabalhar com a massa filo. Seus maiores inimigos são o ar e a água. Quando não estiver sendo usada, cubra-a com uma toalha ou um filme plástico. Mantenha a área de trabalho seca. Se a massa se partir, não se desespere. Simplesmente remende-a com mais massa, mas tente manter a camada superior inteira para uma melhor apresentação.

2 cebolas Vidalia ou amarelas cortadas em cubos
2 colheres (chá) de alho bem picado
1 colher (chá) de óleo de canola ou azeite de oliva extravirgem
1kg de espinafre picado descongelado e espremido em um escorredor
1 pitada de pimenta-de-caiena
½ colher (chá) de noz-moscada
240g de mozarela de soja cortada em tiras ou em cubos
¼ de xícara de óleo de canola ou amendoim
1 pacote de 360g de massa filo

Rendimento: 8 a 10 porções

Por porção:
calorias, 263;
proteínas, 11g;
gordura, 10g;
carboidratos, 33g;
fibras, 7g;
cálcio, 337mg;
sódio, 431mg.

1 Preaqueça o forno a 190°C.

2 Doure ligeiramente as cebolas e o alho na colher (chá) de óleo de canola.

3 Misture o espinafre, os temperos e a mozarela em uma tigela.

4 Pincele levemente o fundo de uma travessa refratária de 23cm x 33cm com um pouco do resto do óleo de canola.

5 Ponha dois pedaços de massa filo no fundo da travessa e pincele levemente com óleo. A massa será grande demais para a travessa, mas você pode cortá-la antes, de modo que suba pelos lados.

6 Repita o Passo 5 com mais duas camadas de massa filo e volte a pincelar levemente com o óleo.

7 Espalhe uniformemente a mistura de espinafre sobre a massa, tendo o cuidado de preencher os cantos.

8 Neste ponto você pode dobrar o excesso de massa por cima da mistura de espinafre.

9 Cubra o espinafre com mais duas camadas de massa filo, empurrando-a com o pincel de cozinha para os cantos da travessa; pincele levemente com óleo.

10 Ponha mais duas camadas de massa filo usando os mesmos procedimentos descritos anteriormente. Para servir com mais facilidade, corte a massa em quadrados antes de assar. Mergulhe o pincel de cozinha em água e pincele ao longo das linhas da massa cortada. Isso fará com que se parta menos na hora de servir. (Um agradecimento especial a Demetra Abdulla por essa boa dica.)

11 Asse na grade superior do forno por 20 a 25 minutos, ou até dourar.

12 Retire do forno e sirva com uma espátula afiada. Se não for servida quente, a massa filo pode amolecer. Nesse caso, simplesmente leve da travessa de volta ao forno e reaqueça até ficar crocante. Se houver sobras, retire da geladeira, deixe à temperatura ambiente e reaqueça a 190°C até a massa ficar crocante.

Moranga Salteada

Essa hortaliça muito colorida pode ser preparada livre de gordura substituindo-se azeite de oliva por caldo de legumes.

1 cebola Vidalia ou amarela descascada e cortada ao meio
1 colher (chá) de alho bem picado
4 morangas
1 pimentão vermelho
1 colher (chá) de azeite de oliva extravirgem
2 colheres (chá) de orégano fresco picado
1 pitada de pimenta-de-caiena

Rendimento: 4 porções

Por porção:
calorias, 73;
proteínas, 2g;
gordura, 1g;
carboidratos, 13g;
fibras, 4g;
cálcio, 71mg;
sódio, 4mg.

1 Corte a cebola em fatias de 0,5cm de espessura. Abra as abóboras ao meio no sentido do comprimento, retire as sementes com uma colher e corte em fatias de 1,5cm de espessura. Retire as sementes do pimentão e corte-o em cubos de 2,5cm.

2 Aqueça o óleo e doure ligeiramente a cebola e o alho.

3 Acrescente a abóbora e o pimentão, cozinhe em fogo médio-alto e polvilhe com orégano e pimenta-caiena.

4 Tempere a gosto e sirva quente.

Cenouras ao Limão

Se você quiser incrementar suas cenouras cozidas, leia a receita a seguir. Também pode pre-pará-la com nabo cortado em tiras finas, pastinaca, jicama, beterraba fresca ou qualquer combinação dessas hortaliças.

6 cenouras raspadas e cortadas diagonalmente
    em fatias de 0,5cm de espessura
½ xícara de limão-taiti espremido na hora
2 colheres (sopa) de gengibre fresco picado

Rendimento: 4 a 6 porções

Por porção:
calorias, 182;
proteínas, 1g;
gordura, 0g;
carboidratos, 45g;
fibras, 3g;
cálcio, 32mg;
sódio, 40mg.

1 Cozinhe as cenouras na água ou no vapor por seis a oito minutos, até ficarem macias.

2 Bata no liquidificador o resto dos ingredientes.

3 Aqueça o molho, acrescente as cenouras, misture e sirva quente.

Aipim Frito

O aipim é um tubérculo maravilhoso, usado principalmente na cozinha caribenha. Longo e com casca escura, é nutritivo e pode ser preparado de vários modos, como a batata.

Freqüentemente é consumido em sua forma mais simples: cozido e salpicado de alho fresco picado, azeite de oliva, sal e pimenta.

Outros tubérculos caribenhos, como o boniato e a malanga, podem ser preparados do mesmo modo ou até mesmo na forma de purê, como as batatas. Eis um modo de comer aipim que nossos hóspedes no spa simplesmente adoram.

700g de aipim

1 colher (sopa) de coentro fresco picado grosseiramente

1 colher (sopa) de suco de limão

¼ de colher (chá) de sal marinho, ou 2 colheres
   (chá) de missô amarelo (opcional)

1 pitada de pimenta-de-caiena, ou ⅛ de colher
   (chá) de pimenta-do-reino recém-moída

2 colheres (sopa) de azeite de oliva extravirgem

Rendimento: 4 a 6 porções

Por porção:
calorias, 197,
proteínas, 2g;
gordura, 6g;
carboidratos, 35g,
fibras, 3g;
cálcio, 14mg;
sódio, 11mg.

1 Descasque o aipim até que fique apenas com a polpa branca. Se o aipim for muito longo, corte-o em cilindros de 8 a 10cm, mais fáceis de manejar

2 Abra o aipim ao meio no sentido do comprimento. Retire as fibras fazendo um corte em V ao longo do centro. Corte em cubos de 2,5cm, como cortaria os de batata para fritar em casa. Lave com água fria antes de cozinhar.

3 Ponha para ferver uma panela de água e cozinhe o aipim por 12 a 15 minutos até ficar macio, mas não mole demais. Passe-o para um escorredor.

4 Enquanto o aipim estiver cozinhando, preaqueça o forno a 220°C.

248   Dieta Vegetariana do Regency House Spa

5 Bata no liquidificador o restante dos ingredientes até ficarem cremosos.

6 Em uma tigela grande, misture o aipim com o molho de coentro. Ponha em uma assadeira e asse na grade superior do forno por cerca de 25 minutos até dourar ligeiramente.

Palitos de Aipim Fritos

Quando recebo amigos, este prato é uma de minhas especialidades mais pedidas. Para prepará-lo, corte o aipim em palitos maiores e cozinhe tendo o cuidado de não deixar que amoleçam demais. Agora a parte ruim: ligue a fritadeira e frite-os até ficarem ligeiramente dourados e crocantes. Retire e acrescente sal marinho, alho em pó e pimenta. Substitua a maionese na receita de molho pela mesma quantidade de azeite de oliva e sirva com os palitos de aipim.

Sobremesas

Bolinhas de Rum sem Álcool

Você descobrirá que esta sobremesa de Natal pode ser um ótimo "petit four" do princípio ao fim do ano.

1 ¼ xícara de amêndoas inteiras (se não estiverem
    disponíveis, podem ser substituídas
    por fatias ou lascas de amêndoas)
½ xícara de uvas-passas ou tâmaras Medjoul sem caroço
1 colher (sopa) de alfarroba em pó
1 colher (sopa) de extrato de baunilha
2 colheres (sopa) de malte de cereais
Alfarroba em pó, flocos de coco ou nozes picadas para cobrir

Rendimento: cerca de 2 dúzias

Por bolinha:
calorias, 62;
proteínas, 1g;
gordura, 4g;
carboidratos, 5g;
fibras, 1g;
cálcio, 23mg;
sódio, 2mg.

1 Pique grosseiramente as amêndoas no processador de alimentos. Depois acrescente e processe o restante dos ingredientes.

2 Com a mistura, faça bolinhas de 2,5cm e enrole com as palmas das mãos. Se você usar muito os dedos, as bolinhas não ficarão uniformemente redondas.

3 Cubra as bolinhas com alfarroba em pó, flocos de coco ou nozes picadas, e sirva.

Crocante de Maçã e Queijo

Esta sobremesa quente pode ser consumida sozinha ou sobre sorvete de baunilha livre de laticínios. Para variar, substitua as maçãs por pêras ou mangas, ou misture as três frutas.

RECHEIO DE MAÇÃ
6 maçãs vermelhas ou verdes
Suco de 2 limões
¾ de xícara de uvas-passas
1 colher (chá) de canela em pó
2 colheres (sopa) de farinha integral para pastelaria
⅓ de xícara de suco de maçã
COBERTURA
⅓ de xícara de aveia trilhada
¼ de xícara de germe de trigo
¼ de xícara de farinha integral para pastelaria
½ xícara de nozes ou nozes-pecãs moídas
60g de cheddar de soja cortado em tiras
⅓ de xícara de margarina de soja derretida

Rendimento: 6 a 8 porções

Por porção:
calorias, 321;
proteínas, 6g;
gordura, 15g;
carboidratos, 40g;
fibras, 7g;
cálcio, 86mg;
sódio, 169mg.

1 Descasque as maçãs. Tire os miolos e corte em fatias de 1,5cm.

2 Misture os ingredientes do recheio e coloque em uma travessa refratária de 23cm x 33cm.

3 Preaqueça o forno a 190°C.

4 Espalhe uniformemente a cobertura sobre o recheio de maçã e asse na grade superior do forno por 25 a 30 minutos, ou até ficar dourada e crocante.

Tortinhas de Massa Filo de Pêra e Maçã

Nossos hóspedes sempre se lembrarão do que comem no final do jantar. Não se esquecerão destas tortinhas crocantes e de baixa gordura. Para um toque especial, cubra um prato com Molho Sabayon de Tofu (ver p. 269) e coloque a tortinha no centro.

2 pêras Anjou
2 maçãs verdes
2 colheres (sopa) de suco de limão fresco
2 colheres (chá) de canela em pó
½ colher (chá) de noz-moscada moída
⅓ de xícara de uvas-passas
½ xícara de fatias ou lascas de amêndoa torradas
1 caixa de 360g de massa filo
2 colheres (sopa) de óleo de canola

Rendimento: 6 a 8 tortinhas

Por tortinha:
calorias, 224;
proteínas, 3g;
gordura, 8g;
carboidratos, 33g;
fibras, 5g;
cálcio, 38mg;
sódio, 79mg.

1 Descasque as pêras e as maçãs. Tire os miolos e corte em fatias de 1,5cm.

2 Preaqueça o forno a 190°C.

3 Misture as pêras, as maçãs, o suco de limão, a canela, a noz-moscada e as passas em uma tigela grande.

4 Ponha a mistura em uma caçarola, cubra e cozinhe em fogo brando por dez minutos até as frutas ficarem macias.

5 Deixe a mistura à parte e acrescente as amêndoas torradas.

6 Abra a massa filo e coloque as duas primeiras folhas em uma mesa limpa e seca, tendo o cuidado de manter as restantes cobertas para não ressecarem.

7 Com um pincel de cozinha, pincele levemente a massa filo com um pouco do óleo de canola.

8 Coloque mais duas folhas de massa filo sobre as duas primeiras e pincele novamente com óleo.

9 Repita o processo com mais duas camadas de massa filo e pincele de novo.

10 Unte levemente de óleo de canola uma forma própria para muffins.

11 Corte a massa filo em seis a oito quadrados iguais e forre com eles cada cavidade da forma. Sobreponha as partes da massa que saírem pelas bordas.

12 Com uma colher, ponha a mistura de frutas nas cavidades da forma até encher dois terços dela. Dobre a massa do perímetro de modo a cobrir as tortinhas.

13 Polvilhe com canela e asse por 18 a 20 minutos ou até a superfície das tortinhas ficar dourada e crocante.

14 Tire as tortinhas do forno e deixe-as esfriar por alguns minutos. Desenforme cuidadosamente com uma espátula de borracha e sirva.

Torta Cremosa de Banana

Esta sobremesa feita apenas de bananas congeladas é deliciosa. Nós a usamos para celebrar aniversários e outras ocasiões especiais. Há dois modos diferentes de preparar o recheio. Um Champion Juicer com peças para sorvete fornecerá os melhores resultados, preparando um recheio pronto para servir rapidamente.

Você pode guarnecer a cobertura com chantili de tofu e congelar a torta de novo antes de cortar. Também pode acrescentar ao recheio canela em pó, nozes picadas, flocos de coco ou fatias de alfarroba.

MASSA (FAZ 2)

1 ¼ xícara de amêndoas inteiras (se não estiverem
  disponíveis, podem ser substituídas
  por fatias ou lascas de amêndoa)

⅔ de xícara de uvas-passas

1 colher (sopa) de alfarroba em pó

1 colher (chá) de extrato de baunilha

2 colheres (sopa) de malte de cereais

8 bananas maduras descascadas

½ xícara de suco de maçã (apenas para o método
  do processador ou liquidificador)

Rendimento: 6 a 8 tortinhas

Por tortinha:
calorias, 224;
proteínas, 3g;
gordura, 8g;
carboidratos, 33g;
fibras, 5g;
cálcio, 38mg;
sódio, 79mg.

1 Pique grosseiramente as amêndoas no processador de alimentos. Acrescente o resto dos ingredientes da massa até misturá-los bem.

2 Aperte a mistura da massa no fundo e nas laterais de uma forma para torta de 23cm. Reserve o restante da mistura para uso posterior.

MÉTODO DO CHAMPION JUICER

1 Descasque e congele as bananas, bem maduras, por oito horas ou mais.

2 Instale as peças para sorvete e passe as frutas congeladas pela câmara.

3 Depois de processar todas as frutas, espalhe-as uniformemente sobre a massa da torta.

4 Leve a torta de volta ao congelador por no mínimo duas horas. Corte e sirva.

MÉTODO DO PROCESSADOR DE ALIMENTOS OU LIQUIDIFICADOR

1 Corte as bananas em pedaços grossos.

2 Coloque as bananas e o suco no processador de alimentos até formar uma mistura homogênea.

3 Despeje essa mistura sobre a massa e leve ao congelador por quatro a seis horas, ou até ficar firme.

4 Retire a torta do congelador cerca de 30 minutos antes de cortar. Guarneça, corte e sirva.

Strudel de Manga e Frutas Silvestres

Esta é uma alternativa excitante, porém light, aos strudels de massa folhada tradicionais! O Molho Sabayon de Tofu (ver p. 269), dará um toque delicioso de baunilha a este strudel.

2 mangas maduras descascadas, sem caroço e cortadas
   em cubos de 1,5cm
0,5L de framboesas, amoras-pretas, blueberries ou morangos
   cortados em quatro partes
2 colheres (sopa) de malte de cereais (opcional – se os frutos
   silvestres estiverem azedos demais para o seu gosto)
2 colheres (chá) de canela em pó, com mais um pouco para cobrir
1 caixa de 360g de massa filo
2 colheres (sopa) de óleo de canola

Rendimento: 1 rolo
(4 a 6 porções)

Por porção:
calorias, 271;
proteínas, 4g;
gordura, 5g;
carboidratos, 50g;
fibras, 6g;
cálcio, 18mg;
sódio, 182mg.

1 Preaqueça o forno a 190°C.

2 Misture ligeiramente em uma tigela as mangas, os frutos silvestres, o xarope e a canela. Reserve.

3 Abra a massa filo e coloque as duas primeiras folhas em uma mesa limpa e seca.

4 Com um pincel de cozinha, pincele levemente a massa filo com um pouco do óleo de canola.

5 Coloque mais duas folhas de massa filo sobre as duas primeiras e pincele novamente com óleo.

6 Repita o processo com mais duas camadas de massa filo e pincele de novo.

7 Disponha uniformemente a mistura de frutas ao longo de um lado da massa e enrole a massa por cima como se fizesse um rocambole. Coloque as pontas da massa debaixo do rolo.

8 Despeje a massa enrolada em uma assadeira, unte levemente com óleo e polvilhe com mais canela. Com a ponta de uma faca, faça alguns furos na superfície. Pincele tudo levemente com água fria.

9 Asse por 20 a 25 minutos até dourar. Retire do forno e deixe esfriar.

10 Corte na diagonal com uma faca afiada e sirva quente.

Pêras Escaldadas em Vinho

Celebramos o Dia dos Namorados com esta sobremesa cor-de-rubi. Você pode substituir as pêras por maçãs verdes.

1 garrafa (750ml) de vinho tinto seco encorpado e sem álcool, ao estilo do de Borgonha
4 pêras Anjou
2 colheres (sopa) de suco de limão fresco
4 bastões de canela
½ xícara de uvas-passas
2 colheres (sopa) de açúcar demerara
2 colheres (sopa) de araruta
¼ de xícara de água

Rendimento: 4 porções

Por porção:
calorias, 254;
proteínas, 2g;
gordura, 0g;
carboidratos, 60g;
fibras, 6g;
cálcio, 42mg;
sódio, 29mg.

1 Ferva o vinho em uma caçarola funda.

2 Descasque as pêras. Tire os miolos e misture com o suco de limão para evitar descoloração.

3 Coloque os bastões de canela e as pêras no vinho, cubra e cozinhe por cerca de 20 minutos, até as pêras ficarem macias. Tome cuidado para não cozinhá-las demais.

4 Retire as pêras com uma escumadeira e leve à geladeira. Reserve o líquido do cozimento.

5 Enquanto o vinho ainda estiver quente, despeje-o sobre as passas e deixe-as inchar enquanto as pêras estiverem esfriando.

6 Coe as passas, reservando o vinho. Ponha as passas dentro das pêras e leve à geladeira.

7 Despeje 1 xícara do vinho em uma caçarola e deixe levantar fervura. Borrife o açúcar demerara. Dissolva a araruta na água e acrescente-a ao vinho fervente até engrossar. Se o molho ficar grosso demais, ponha um pouco mais de vinho.

8 Cubra um prato com o molho de vinho e coloque as pêras no centro.

9 Para guarnecer, insira os bastões de canela cozidos em cima das pêras como se fossem cabos. Framboesas, amoras-pretas ou folhas de hortelã podem ser usadas como guarnição.

Musse de Cappuccino

Esta é uma musse livre de cafeína que deixa nossos hóspedes querendo mais e se perguntando como conseguimos prepará-la. Eis a receita misteriosa. Sirva guarnecida com chantili de tofu e alfarroba em pó, ou fatias de alfarroba.

1 caixa de 370g de tofu suave extrafirme
2 colheres (sopa) de leite de soja sabor baunilha ou alfarroba
3 colheres (sopa) de açúcar demerara
1 colher (chá) de extrato de baunilha
2 colheres (sopa) de substituto do café instantâneo
⅓ de xícara de fatias de alfarroba

Rendimento: 3 a 4 porções

Por porção:
calorias,147;
proteínas, 8g;
gordura, 5g;
carboidratos, 18g;
fibras, 2g;
cálcio, 60mg;
sódio, 36mg.

1 Bata no liquidificador ou processador de alimentos todos os ingredientes, exceto as fatias de alfarroba, até ficarem cremosos.

2 Acrescente as fatias de alfarroba e ponha para esfriar antes de servir.

Cheesecake de Limão

Você não vai acreditar no quanto esta receita é incrivelmente deliciosa. Tem o gosto da **receita** original, mas é ainda melhor. Este doce pode ser feito com limas ou, se preferir um cheesecake de sabor mais tradicional, use limões comuns.

MASSA DE CREAM CRACKER
1 xícara de amêndoas picadas
1 xícara de biscoitos *cream cracker* integrais esmigalhadas
3 colheres (sopa) de açúcar demerara
3 colheres (sopa) de margarina vegan não-hidrogenada
RECHEIO
1 caixa de 370g de tofu extrafirme de sabor suave
240g de queijo cremoso de soja natural (ou tofu)
1 xícara de creme azedo de leite livre de laticínios
    (creme de soja)
½ xícara de açúcar demerara
⅓ de xícara de suco de limão
2 colheres (chá) de raspas de limão
1 colher (chá) de extrato de baunilha

Rendimento: 8 porções
(uma torta de 23cm)

Por porção:
calorias, 387;
proteínas, 7g;
gordura, 24g;
carboidratos, 29g;
fibras, 2g;
cálcio, 66mg;
sódio, 320mg.

1 Torre as amêndoas em uma frigideira grande por cerca de dez minutos até dourarem ligeiramente.

2 Para fazer a massa, misture as amêndoas, os biscoitos *cream cracker* esmigalhados e o açúcar demerara em uma tigela média. Derreta a margarina em uma panela pequena, despeje sobre os ingredientes secos da massa e misture.

3 Unte levemente uma forma para torta de 23cm. Aperte a massa no fundo e nas laterais da forma e leve à geladeira por cerca de 30 minutos.

4 Preaqueça o forno a 150°C. Bata no processador de alimentos todos os ingredientes do recheio até ficarem cremosos, parando várias vezes para empurrar a mistura para baixo, dentro da tigela do processador.

5 Despeje o recheio sobre a massa e asse na grade média do forno por cerca de quarenta minutos. Pôr a forma em uma assadeira grande com 1,5cm de água fará o cheesecake assar uniformemente e impedirá que se quebre.

6 Ponha o cheesecake em uma prateleira da geladeira. Sirva-o bem gelado.

Molho de Frutas para Sobremesas

Um molho de frutas colorido no fundo de um prato realmente melhora a apresentação das sobremesas. Tudo que você precisa é de um liquidificador e uma garrafinha de plástico para fazer o que os chefs fazem há anos nos restaurantes mais finos. Este molho pode ser conservado na geladeira por uma semana ou mais. Você também pode prepará-lo com outras frutas maduras como manga, papaia, pêssego ou framboesa.

1 xícara de morangos ou kiwis frescos sem casca e
    cortados em quatro partes
⅓ de xícara de malte de cereais

Rendimento: 1 ⅓ xícara

Por ¼ de xícara:
calorias, 74;
proteínas, 0g;
gordura, 0g;
carboidratos, 18g;
fibras, 1g;
cálcio, 5mg;
sódio, 1mg.

1 Bata bem no liquidificador os ingredientes.

2 Despeje o molho no centro de um prato de sobremesa e incline-o de um lado para o outro para cobri-lo uniformemente. Você também pode borrifar o molho com uma garrafinha de plástico ao redor da beira do prato para decorá-lo. Ponha sua sobremesa no centro.

Torta Deliciosa de Limão

Esta receita foi criada com a ajuda de meu amigo, o chef vegetariano Ken Hubscher.

½ xícara de sementes de gergelim torradas

1 ½ xícara de farinha de aveia (bata aveia
trilhada no liquidificador)

¼ de xícara de óleo de canola

¼ de xícara de xarope de arroz integral

2 colheres (chá) de extrato de baunilha

¼ de colher (chá) de sal marinho

RECHEIO DA TORTA

1 xícara de suco de maçã

2 colheres (sopa) de ágar-ágar em pó

¾ de xícara de xarope de arroz integral

1 pitada de sal marinho

½ xícara de suco de limão fresco (antes de espremer,
rale 1 colher [chá] de raspas e reserve)

1 colher (chá) de extrato de baunilha

2 colheres (sopa) de araruta dissolvidas em ¼ de xícara
de suco de limão

1 xícara de Chantili de Tofu (ver p. 270) (opcional)

¼ de xícara de flocos de coco torrados (opcional)

Rendimento: 8 porções

Por porção:
calorias, 337;
proteínas, 4g;
gordura, 11g;
carboidratos, 53g;
fibras, 3g;
cálcio, 108mg;
sódio, 71mg.

INSTRUÇÕES PARA PREPARAR A MASSA

1 Preaqueça o forno a 190°C.

2 Torre as sementes de gergelim por cerca de 18 minutos, ou até dourarem.

3 Em uma tigela grande, misture a farinha de aveia com as sementes de gergelim torradas.

4 Em uma tigela separada, misture o resto dos ingredientes.

5 Acrescente a mistura úmida à seca, tendo o cuidado de não revolvê-las demais.

6 Aperte uniformemente a massa, deixando-a com uma espessura de cerca de 3mm, sobre o fundo e as laterais de uma forma para torta.

7 Asse por cerca de 20 minutos ou até a massa ficar ligeiramente dourada. Leve à geladeira para esfriar. Enquanto a massa estiver assando, comece a fazer o recheio.

INSTRUÇÕES PARA FAZER O RECHEIO

1 Bata no liquidificador a xícara de suco de maçã com o ágar-ágar. Transfira a mistura para uma panela, cubra e deixe descansar por 15 minutos, mexendo de vez em quando para dissolver.

2 Cozinhe a mistura de suco em fogo brando por cinco a dez minutos, mexendo de vez em quando até dissolver. Mantenha-a coberta para evitar que se forme uma película.

3 Quando o ágar-ágar dissolver, acrescente o xarope de arroz integral, o sal, o suco e as raspas de limão, e a baunilha.

4 Ferva a mistura de ágar-ágar, acrescente a de araruta e cozinhe em fogo brando até ficar transparente e dissolvida.

5 Despeje sobre a massa assada e leve à geladeira por três a quatro horas até o recheio ficar firme.

6 Retire a torta da geladeira. Se quiser, espalhe por cima uma camada de 1,5cm de Chantili de Tofu.

7 Cubra com os flocos de coco torrados e guarneça cada porção com meia fatia de limão.

Torta de Abóbora

Esta é a versão livre de laticínios de uma das tortas favoritas dos americanos. Nós usamos batatas-doces para compensar a falta de ovos nesta receita.

2 massas integrais para torta de trigo ou arroz
1 lata de 840g de purê de abóbora
1 batata-doce grande assada descascada e amassada
½ xícara de xarope de bordo
⅔ de leite de soja sabor baunilha
2 colheres (sopa) de substituto de ovo em pó
1 ½ colher (chá) de canela em pó
½ colher (chá) de noz-moscada
1 colher (chá) de extrato de baunilha

Rendimento: 2 tortas
(16 porções)

Por porção:
calorias, 180;
proteínas, 3g;
gordura, 7g;
carboidratos, 25g;
fibras, 4g;
cálcio, 33mg;
sódio, 84mg.

1 Preaqueça o forno a 200°C e asse as massas para torta por 12 minutos.

2 Bata bem no processador de alimentos a abóbora, a batata-doce e o xarope de bordo.

3 Misture o leite de soja com os ingredientes restantes.

4 Junte a mistura de leite de soja à mistura de abóbora e mexa.

5 Despeje a mistura sobre as massas para torta e asse a 160°C por 40 minutos. Leve as tortas à geladeira até gelarem bem.

6 Corte cada torta em oito pedaços, guarneça com Chantili de Tofu (ver p. 270) e sirva.

Molho Sabayon de Tofu

Esta versão com baixo teor de gordura e livre de colesterol do molho de baunilha francês para sobremesas (ou, como dizem os italianos, *zabaglione*) é fácil de preparar. Só de pensar nos dias usando nata e gema de ovo para preparar este molho sinto arrepios! Esta receita certamente me dá muita paz de espírito quando a sirvo. Também pode ser usada como uma base de molho saborosa e colorida sob um strudel de frutas ou uma torta.

1 caixa de 370g de tofu suave firme ou
    extrafirme de baixa gordura
¾ de xícara de leite de soja, amêndoa ou arroz
1 pitada de pistilos de açafrão, ou açafrão-da-terra
½ xícara de xarope de arroz integral ou bordo
2 colheres (chá) de extrato de baunilha

Rendimento: cerca de 2 xícaras

Por ¼ de xícara:
calorias, 73;
proteínas, 1g;
gordura, 0g;
carboidratos, 16g;
fibras, 0g;
cálcio, 2mg;
sódio, 4mg.

1 Escorra e seque o tofu com toalhas de papel. Corte-o em pedaços grossos.

2 Bata no liquidificador o tofu com todos os outros ingredientes até a mistura ficar homogênea. Ajuste a consistência do molho usando tofu para engrossar ou leite de soja para afinar.

Chantili de Tofu

Você ficará agradavelmente surpreso com o sabor e a leveza desta versão nutritiva de chantili. Para obter um creme mais grosso, acrescente mais tofu – para um mais fino, mais suco de limão. Sou muito grato a Gloria Wilburn por fornecer esta receita.

1 caixa de 370g de tofu suave firme ou extrafirme
   com baixo teor de gordura
1 colher (sopa) de óleo de canola
3 colheres (sopa) de xarope de bordo ou arroz integral,
   ou 2 colheres (sopa) de açúcar demerara
1 colher (sopa) de suco de limão fresco
2 colheres (chá) de extrato de baunilha

Rendimento: 2 xícaras (4 porções)

Por porção:
calorias, 116;
proteínas, 6g;
gordura, 4g;
carboidratos, 13g;
fibras, 0g;
cálcio, 1mg;
sódio, 83mg.

1 Escorra e seque o tofu com toalhas de papel.

2 Corte o tofu em cubos e bata-o no liquidificador com todos os ingredientes até ficar bem fofo. Desligue o liquidificador, empurre para baixo o restante dos pedaços de tofu e bata até a mistura se tornar homogênea.

Musse de Tofu e Chocolate

Você também pode usar 1 xícara de morangos ou kiwis em lugar do cacau para fazer uma musse de frutas.

2 xícaras de Chantili de Tofu (ver p. 270)
2 colheres (sopa) de cacau ou alfarroba
    em pó com baixo teor de gordura

Rendimento: 4 porções

Por porção:
calorias, 127;
proteínas, 7g;
gordura, 4g;
carboidratos, 15g;
fibras, 1g;
cálcio, 5mg;
sódio, 84mg.

1 Bata no liquidificador os ingredientes até ficarem homogêneos. Sirva bem gelada.

Bolo de Baunilha

Este bolo fácil de preparar pode tornar-se mais leve com o uso de água ou leite de arroz em lugar do leite de soja. O vinagre usado aqui reage com o bicarbonato de sódio, acentuando sua ação fermentativa.

1 ¾ xícara de farinha integral para pastelaria
1 colher (chá) de fermento em pó
1 colher (chá) de bicarbonato de sódio
½ colher (chá) de sal marinho
¾ de xícara de xarope de arroz integral ou bordo
⅔ de xícara de leite de soja ou arroz, ou água pura ou destilada
⅓ de xícara de óleo de canola
2 colheres (sopa) de extrato de baunilha
1 colher (sopa) de vinagre de maçã

Rendimento: 8 a 10 porções

Por porção:
calorias, 237;
proteínas, 3g;
gordura, 9g;
carboidratos, 38g;
fibras, 3g;
cálcio, 7mg;
sódio, 124mg.

1 Preaqueça o forno a 180°C.

2 Em uma tigela, misture a farinha, o fermento, o bicarbonato de sódio e o sal.

3 Em uma tigela separada, misture os demais ingredientes.

4 Acrescente a mistura úmida à seca e bata até ficarem homogêneas.

5 Despeje a massa em uma forma para bolo de 20cm untada com óleo de canola.

6 Asse por 35 a 40 minutos ou até o centro ficar firme ao toque.

7 Deixe esfriar à temperatura ambiente antes de cortar. Guarneça com Chantili de Tofu (ver p. 270).

Biscoitos de Alfarroba

Estes biscoitos são esplêndidos, e podem ser aromatizados com coco ou nozes picadas.

INGREDIENTES LÍQUIDOS
¼ de xícara de óleo de canola
¾ de xícara de xarope de arroz integral
3 colheres (sopa) de água destilada ou pura
1 colher (sopa) de extrato de baunilha
1 colher (sopa) de substituto de ovo em pó
1 xícara de farinha integral
1 xícara de germe de trigo
½ colher (chá) de gengibre em pó (opcional)
1 xícara de fatias de alfarroba sem açúcar
½ xícara de nozes, nozes-pecãs ou macadâmias picadas (opcional)
½ xícara de flocos de coco sem açúcar não-refinados (opcional)

Rendimento: cerca de
24 biscoitos

Por porção:
calorias, 109;
proteínas, 3g;
gordura, 4g;
carboidratos, 16g;
fibras, 1g;
cálcio, 17mg;
sódio, 5mg.

1 Bata os ingredientes líquidos e o substituto de ovo até ficarem homogêneos.

2 Acrescente a farinha, o germe de trigo e o gengibre.

3 Adicione a alfarroba e as nozes, ou o coco, misturando bem.

4 Preaqueça o forno a 160°C.

5 Com uma colher, forme os biscoitos e os coloque em uma assadeira untada a uma distância de 2,5cm um do outro.

6 Asse por 15 a 18 minutos até dourarem.

Biscoitos de Aveia e Passas

Nossos hóspedes no spa nunca se fartam destes biscoitos deliciosos.

¼ de xícara de óleo de canola
¾ de xícara de xarope de arroz integral
3 colheres (sopa) de água destilada ou pura
1 colher (sopa) de substituto de ovo em pó
1 colher (sopa) de extrato de baunilha
1 xícara de farinha integral para pastelaria
1 xícara de aveia em flocos
1 colher (chá) de canela
1 xícara de uvas-passas amolecidas em água quente e escorridas
½ xícara de flocos de coco sem açúcar (opcional)

Rendimento: cerca de 18 biscoitos

Por porção:
calorias, 137;
proteínas, 2g;
gordura, 3g;
carboidratos, 24g;
fibras, 2g;
cálcio, 8mg;
sódio, 8mg.

1 Preaqueça o forno a 160°C.

2 Bata o óleo de canola, o xarope de arroz integral, a água, o substituto de ovo e a baunilha até ficarem homogêneos.

3 Acrescente a farinha, a aveia e a canela.

4 Adicione as uvas e o coco, misturando bem.

5 Com uma colher, forme os biscoitos e os coloque em uma assadeira untada a uma distância de 2,5cm um do outro.

6 Asse por 15 a 18 minutos até dourarem.

Biscoitos de Manteiga de Amendoim

Se você adora biscoitos, certamente adorará estes.

¾ de xícara de manteiga de amendoim com baixo teor de sódio
½ xícara de xarope de malte de cevada
¼ de xícara de óleo de canola
2 colheres (sopa) de leite de soja sabor baunilha
2 colheres (sopa) de extrato de baunilha
½ xícara de açúcar demerara
1 xícara de aveia em flocos
¾ de xícara de farinha integral para pastelaria
2 colheres (chá) de fermento em pó
½ xícara de amendoins torrados sem sal
½ xícara de fatias de alfarroba (opcional)

Rendimento: cerca de 18 biscoitos

Por porção:
calorias, 198;
proteínas, 5g;
gordura, 10g;
carboidratos, 22g;
fibras, 2g;
cálcio, 12mg;
sódio, 4mg.

1 Preaqueça o forno a 160°C. Em uma tigela grande, misture a manteiga de amendoim, o xarope de malte de cevada, o óleo de canola, o leite de soja e a baunilha.

2 Em outra tigela, misture o açúcar demerara, a aveia em flocos, a farinha e o fermento.

3 Acrescente a mistura seca à de manteiga de amendoim, adicione os amendoins e a alfarroba, se assim o desejar, e misture bem.

4 Com uma colher, forme os biscoitos e os coloque em uma chapa untada e os achate um pouco com a parte de trás de uma colher ou um garfo.

5 Asse por 15 a 18 minutos e deixe esfriar antes de servir.

Biscoitos de Abóbora e Oxicocos

Esta receita é uma versão modificada da criada por meu bom amigo, o chef Steve Petusevsky, que escreve para a revista *Cooking Light*. A lista de ingredientes a seguir pode parecer longa, mas os resultados são excelentes. Você também pode substituir os oxicocos por uvas-passas douradas.

¼ de xícara de manteiga de amendoim com baixo teor de sódio
¼ de xícara de margarina de soja (se possível, não-hidrogenada)
½ xícara de açúcar demerara
½ xícara de xarope de bordo
2 colheres (chá) de fermento em pó
½ colher (chá) de sal marinho
½ colher (chá) de canela em pó
1 pitada de noz-moscada
1 colher (sopa) de substituto de ovo em pó
2 colheres (sopa) de água destilada ou pura
1 xícara de purê de abóbora
2 xícaras de farinha integral para pastelaria
½ xícara de aveia em flocos
1 xícara de oxicocos secos

Rendimento: cerca de 2 dúzias de biscoitos

Por porção:
calorias, 114;
proteínas, 2g;
gordura, 3g;
carboidratos, 18g;
fibras, 2g;
cálcio, 16mg;
sódio, 72mg.

1 Preaqueça o forno a 190°C. Unte levemente uma chapa.

2 Misture a manteiga de amendoim com a margarina até ficarem cremosas.

3 Acrescente o açúcar demerara, o xarope de bordo, o fermento, o sal, a canela e a noz-moscada, e misture bem.

4 Adicione o substituto de ovo, a água e o purê de abóbora.

5 Acrescente a farinha, a aveia e os oxicocos.

6 Coloque na chapa colheradas de massa do tamanho de moedas de 1 real.

7 Asse por 15 a 18 minutos e deixe esfriar antes de servir.

Biscoitos de Banana com Três Sementes

Estes biscoitos livres de trigo o deixarão querendo mais! Para variar, acrescente farinha de aveia ou qualquer tipo de noz picada.

8 a 10 bananas maduras descascadas e amassadas
1 xícara de flocos de coco sem açúcar
1 xícara de uvas-passas
½ xícara de sementes de gergelim descascadas
¼ de xícara de linhaça
¼ de xícara de sementes de girassol descascadas

Rendimento: cerca de 24 biscoitos

Por porção:
calorias, 154;
proteínas, 2g;
gordura, 9g;
carboidratos, 17g;
fibras, 3g;
cálcio, 44mg;
sódio, 6mg.

1 Esta receita pode ser preparada no desidratador ou forno. Ligue o desidratador ou preaqueça o forno a 110°C.

2 Em uma tigela grande, amasse as bananas.

3 Acrescente os demais ingredientes e misture bem.

4 Com uma colher, forme os biscoitos e coloque-os nas grades do desidratador ou em uma chapa levemente untada.

5 Se você usar o desidratador, asse por dois dias, ou até os biscoitos ficarem crocantes. Se usar o forno, asse por seis a oito horas, ou até ficarem crocantes e ligeiramente dourados. Geralmente nós os colocamos no forno antes de dormir. Isso resulta em uma agradável surpresa pela manhã!
Para economizar tempo e trabalho de formar os biscoitos, simplesmente coloque a mistura com uma colher em um prato de forno de 25cm x 32,5cm ou uma chapa para assar. Em seguida, corte-os em quadrados como se fossem brownies.

Dieta Líquida

Dieta Líquida

Receitas e Horário

Recebo muitos pedidos de receitas das dietas líquidas que usamos no spa. O ideal é que a dieta líquida prolongada seja supervisionada por um especialista. Contudo, você pode fazê-la durante três dias para purificar o corpo. A quantidade de suco a tomar por refeição é de 500 a 600mL. É difícil para o estômago lidar com mais do que isso.

As dietas líquidas não são uma solução permanente para a perda de peso, mas podem ajudar a "alavancar" os programas de emagrecimento. Além disso, reduzem o desejo de comer sal, açúcar e doces. Sempre coe seus sucos. Se o jejum for rigoroso, não consuma nenhum alimento integral. A idéia é retirar temporariamente as fibras da dieta. Esse também é um modo de evitar a fome durante o jejum.

Uma das vantagens da dieta líquida em relação ao jejum mais rigoroso em que se bebe apenas água é que você pode manter suas atividades diárias normais e seus programas de exercícios sem se sentir exausto. Na verdade, deve sentir-se ótimo.

Sinta-se à vontade para tomar bastante água ou caldo de legumes entre seus sucos. Experimente a receita de Caldo de Legumes (ver p. 113) – o "Caldo de Potássio" que usamos no Regency.

Após uma dieta líquida, é uma boa idéia você "quebrar o jejum" consumindo melões frescos na primeira refeição, depois saladas e alimentos cozidos. Se você consumir imediatamente alimentos pesados, poderá sentir dor no estômago.

Gosto de usar sucos frescos entre as refeições, ou antes ou após exercícios, em razão do aumento de energia que seus nutrientes proporcionam. Isso também ajuda a diminuir o desejo de comer doces durante o dia.

Tome seu suco no máximo 15 minutos depois de prepará-lo. Após uma hora, as enzimas vivas começam a se quebrar e no dia seguinte desaparecem. Se você demorar muito para tomar os sucos, eles podem tornar-se amargos e perder o sabor.

Se, por algum motivo, você sentir tonturas ou outros desconfortos na dieta líquida, reduza suas atividades, interrompa a dieta e procure seu nutricionista.

Você precisará de um espremedor de frutas. Há vários modelos à venda na maioria das lojas de departamentos.

Para economizar tempo, você pode lavar as hortaliças e frutas até três dias antes de usar. Guarde na geladeira em sacos plásticos para manter o seu frescor.

Escolha uma dieta de três ou cinco sucos, dependendo de como se sentir no primeiro dia, ou de suas experiências passadas.

Suco para o Café-da-Manhã

Suco de laranja ou grapefruit espremido na hora,
 ou uma combinação dos dois.

Rendimento: 500mL

Por porção (sucos):
calorias, 221;
proteínas, 3g;
gordura, 0g;
carboidratos, 51g;
fibras, 0g;
cálcio, 53mg;
sódio, 5mg.

Você pode espremer as frutas à mão ou descascá-las e usar um espremedor.

OU

0,5L de morangos lavados e sem os cabos
1 mamão papaia descascado e sem sementes
½ abacaxi dourado (é o mais doce) descascado,
 cortado ao meio e com o miolo retirado
 (guarde a outra metade para o dia seguinte)

Rendimento: 500mL
de vitamina de frutas

Por vitamina:
calorias, 361;
proteínas, 4g;
gordura, 2g;
carboidratos, 80g;
fibras, 0g;
cálcio, 136mg;
sódio, 14mg.

Coloque as frutas no espremedor e coe, se necessário. Você também pode substituir os morangos por mirtilos, oxicocos ou uvas.

Dieta Líquida 283

Suco para o Meio da Manhã

4 folhas de alface-romana ou couve, ou 60g de folhas de espinafre

4 cenouras orgânicas raspadas (corte as extremidades e guarde para fazer caldo de legumes)

4 talos de aipo bem lavados (retire as folhas e a parte inferior e guarde para fazer caldo de legumes)

1 maçã cortada em quatro partes

Rendimento: 500mL

Por porção:
calorias, 263;
proteínas, 5g;
gordura, 0g;
carboidratos, 58g;
fibras, 0g;
cálcio, 234mg;
sódio, 271mg.

Suco para o Almoço

Suco de melancia espremido na hora, ou uma combinação de suco de laranja e grapefruit

Rendimento: 500mL

Por porção:
calorias, 142;
proteínas, 2g;
gordura, 1g;
carboidratos, 29g;
fibras, 0g;
cálcio, 37mg;
sódio, 9mg.

1 Descasque a melancia, deixando um pouco da polpa branca intata – ela é muito nutritiva.

Dieta Líquida 285

Suco para o Meio da Tarde

6 folhas de alface-romana ou couve,
  ou 60g de folhas de espinafre
6 talos de aipo bem lavados
1 a 2 maçãs cortadas em quatro partes

Rendimento: 500mL de suco verde

Por porção:
calorias, 170;
proteínas, 1g;
gordura, 0g;
carboidratos, 38g;
fibras, 0g;
cálcio, 145mg;
sódio, 220mg.

Suco para o Jantar

4 folhas de alface-romana ou couve, ou 60g de folhas de espinafre
4 cenouras orgânicas raspadas
4 talos de aipo bem lavados
1 maçã

Rendimento: 500mL de suco de hortaliças

Por porção:
calorias, 237;
proteínas, 3g;
gordura, 0g;
carboidratos, 53g;
fibras, 0g;
cálcio, 170mg;
sódio, 245mg.

1. Retire as folhas e extremidades das cenouras e do aipo como no suco para o meio da manhã.
2. Você também pode dar alguns toques pessoais a seu suco. Experimente acrescentar um pedacinho de gengibre fresco descascado ou um dente de alho (se não estiver perto de outras pessoas!). Também pode ser um tomate maduro ou uma fatia de beterraba fresca.

> Lembre-se de tomar seu suco devagar – com um canudinho, se isso ajudá-lo a transformar esse ato em uma ocasião especial. Se você beber rápido demais, poderá ficar com a sensação de que pulou a refeição e não se deu tempo para apreciar os sabores.
>
> No final do primeiro dia, você deve ter guardado pedaços suficientes de cenoura e aipo para começar a preparar um caldo de legumes no dia seguinte (veja a receita na p. 113).

Exemplos de Cardápios

Para ajudá-lo a planejar bem suas refeições, apresentamos um cardápio de almoço típico e cardápios de jantar para quatro semanas.

Cardápio de almoço

Domingo
Salada fresca com Molho de Mostarda e Tahini, p. 62
Quiche de Brócolis e Cheddar, p. 151

Segunda-feira
Salada mista com molhos com baixo teor de gordura, pp. 57-71
Sopa-Creme de Brócolis, p. 93

Terça-feira
Enrolado Vegetariano, p. 127, e Molho de Tahini Tradicional, p. 71

Quarta-feira
Salada fresca com Molho Cremoso de Alho, p. 60
Salada Grega de Macarrão, p. 47

Quinta-feira
Salada Waldorf de Granny Annie, p. 44 sobre uma camada de alface-romana
Torta Cremosa de Banana, p. 256-257

Sexta-feira
Salada de folhas verdes com nozes e brotos variados
Molho de Tahini Tradicional, p. 71, com manjericão fresco

Sábado
Salada Caesar, p. 40, com Croutons de Pão Árabe, p. 118, e fatias de tofu italiano assado (comprado em lojas)
Batatas Assadas, p. 216, com mostarda moída ou batata-doce assada

Cardápio de jantar – primeira semana

Domingo
Terrine de Tofu com Tomates Secos ao Pesto, p. 169-170
Salada de Cabelo-de-Anjo ao Pomodoro, p. 34

Segunda-feira
Salada fresca com Molho de Mostarda Doce e Picante, p. 67
Risoto de Cogumelos Selvagens, p. 203
Aspargos cozidos no vapor

Terça-feira

Salada mista com Molho Francês Cremoso, p. 59
Enchiladas de Três Feijões com Salsa Mexicana,
p. 80, e guacamole, pp. 158-159

Quarta-feira

Salada mista com Molho de Manteiga de
Amendoim, p. 65
Sloppy Joes Vegetariano, p. 119, sobre pão
árabe integral

Quinta-feira

Salada Caesar, p. 40, com Croutons de Pão
Árabe, p. 118
Cabelo-de-anjo de trigo integral com
Almôndegas de Tofu, p. 164, e Molho
Marinara, p. 79

Sexta-feira

Minestrone, pp. 105-106
Pizza de Pão Árabe e Legumes, p. 213

Sábado

Gaspacho, p. 99
Palitos de Batata-Doce Assados no Forno, p. 225
Moranga Salteada, p. 246
Vagens cozidas no vapor

Cardápio de jantar – segunda semana

Domingo

Sushi de Legumes, pp. 178-180
Salada de Repolho e Wakame, p. 49
Hortaliças cozidas no vapor ou refogadas
Bifes de Tofu Grelhados, p. 161

Segunda-feira

Sopa de Feijão-Preto e Branco (Sopa de Feijão-
Preto, p. 91, e Sopa de Feijão-Fava, p. 101)
Salada fresca com Vinagrete de Estragão, p. 70
Fettuccine de trigo integral com Molho Marinara,
p. 79
Acelga

Terça-feira

Gumbo à Moda da Ilha, p. 100
Cascas de Batatas Assadas com Baixo Teor de
Gordura, p. 218, com cheddar de soja, creme
azedo de leite de soja e verduras frescas
variadas

Quarta-feira

Ervas selvagens com Molho de Framboesa e
Tahini, p. 68
Pão Saboroso de Lentilha, p. 205, com Legumes
Grelhados, p. 240

Quinta-feira

Salada de Pepino e Endro sem Gordura, p. 43
Quesadillas de Milho e Feijão-Preto, p. 182, com
Salsa Mexicana, p. 80, e guacamole

Sexta-feira

Salada de espinafre com Molho de Abacaxi e
Mostarda, p. 66
Lasanha de Espinafre com Legumes Grelhados,
pp. 146-147, e ervilhas-tortas cozidas no
vapor

Sábado

Sopa Primavera de Legumes, p. 112
Salada mista com Vinagrete Balsâmico, p. 58
Pizza de Pão Árabe e Legumes, p. 213-214

Cardápio de jantar – terceira semana

Domingo
Salada de Aspargo e Shitake, p. 35
Macarrão ao Estilo *Pad Thai* com Molho de
Amendoim, p. 140

Segunda-feira
Salada mista com Molho de Mostarda e Maçã,
p. 56
Berinjela ao Parmesão, pp. 154-155
Nabo-Brócolis (Rapini), p. 236

Terça-feira
Sopa de Feijão-Fava, p. 101
Pizza de Pão Árabe e Legumes, p. 213

Quarta-feira
Salada Caesar, p. 40, com fatias de tofu italiano
assado (comprado em lojas)
Batatas Assadas Duplamente Recheadas, p. 226
Couve-Flor e Brotos de Ervilha Cremosos, p. 238

Quinta-feira
Napoleon de Berinjela, pp. 28-29
Estrogonofe de Bife de Seitan, pp. 183-184,
sobre arroz integral

Sexta-feira
Salada fresca com Vinagrete Balsâmico, p. 58
Orzo à Siciliana, p. 143

Sábado
Salada de rúcula com cebolas vermelhas e
pepinos
Molho Cítrico de Sementes de Papoula, p. 57
Torta de Berinjela e Tofu, pp. 167-168
Aspargos cozidos no vapor

Cardápio de jantar – quarta semana

Domingo
Tomates com Mozarela de Soja ao Pesto, p. 32
Caçarola de Couve e Cogumelos, pp. 196-197
Ervilhas-tortas cozidas no vapor
Cenouras ao Limão, p. 247

Segunda-feira
Salada mista com Molho de Mostarda e Tahini,
p. 62
Chili de Legumes, pp. 211-212, sobre arroz
integral ou quinoa

Terça-feira
Sopa de Missô, p. 107
Salada mista com Molho Italiano sem Gordura,
p. 61
Bifes de Tofu Grelhados, p. 161
Brócolis com Alho e Coco ao Molho Tamari,
p. 237

Quarta-feira
Salada mista com Molho Cremoso de Alho,
p. 60
Penne com Hortaliças Grelhadas ao Pesto,
p. 142
Brotos de hortaliças cozidos no vapor

Quinta-feira
Hambúrguer vegan sobre pãezinhos
de vários grãos com brotos de alfafa,
alface e tomate
Milho verde

Sexta-feira
Salada mesclun com
Molho Francês Cremoso, p. 59

Burritos de Legumes Grelhados, pp. 192-193,
com Salsa Mexicana, p. 80
Feijões Refritos, p. 202

Sábado

Salada Marinada de Palmito e Corações de
Alcachofra, p. 48
Rollatini de Berinjela ao Molho Marinara,
pp. 156-157
Espinafre com pinhões assados e alho

Glossário

Açúcar demerara – Provavelmente é o adoçante granulado de mais alta qualidade disponível. É feito pelo processamento do caldo de cana-de-açúcar. Tem a cor clara como a do açúcar mascavo, um leve sabor de melaço e serve como substituto do açúcar branco. Como não é um produto totalmente refinado, não pode ser chamado de açúcar. É rico em potássio, cálcio, magnésio, ferro e carboidratos.

Ágar-ágar – Alga marinha que pode ser um substituto vegan para a gelatina, um produto de origem animal. O ágar-ágar é utilizado principalmente como espessante em geléias de frutas, tortas e gelatinas salgadas. É rico em cálcio, ferro, vitaminas A, do complexo B, C, D e iodo. Como dá volume a qualquer refeição sem acrescentar calorias, ajuda a controlar o apetite em dietas.

Aipim – Vegetal tubular marrom-escuro com polpa branca amilácea. É tradicionalmente descascado, cozido e servido com azeite de oliva, sal e pimenta. Também conhecido como macaxeira e mandioca.

Alfarroba – Provém de uma árvore perene cujas vagens são consumidas tanto verdes quanto secas. Rica em proteína e açúcar, pode ser encontrada na forma de pó ou fatias. Atualmente é possível encontrar fatias de alfarroba sem adição de açúcar em lojas de produtos naturais.

Algarobeira – Árvore do cerrado que cresce naturalmente no Sudoeste dos Estados Unidos e no México. Na cozinha, dá um gosto de defumado aos alimentos grelhados.

Arame – Alga marinha de sabor suave e muito fácil de usar. Escura, fina e curta, pode ser amolecida em água morna e fica pronta para usar em minutos. Como é delicada, tome o cuidado de não deixá-la de molho por muito tempo, porque se parte facilmente.

Araruta – Fécula alimentar extraída do tubérculo da planta tropical do mesmo nome. Pode ser usada para substituir a maisena, que é quimicamente processada. A araruta continua clara quando usada para engrossar molhos, e é facilmente digerida. Deve ser primeiro dissolvida em água fria.

Banana-da-terra – Tipo de banana com teor mais alto de amido e mais baixo de açúcar, o que a torna adequada para o cozimento. Nativa da América Central, é maior do que outras espécies de banana e pode ser cozida, assada, frita ou usada para engrossar sopas.

Bok choi – Repolho chinês com talos brancos e grossos e folhas como as da acelga. Freqüentemente usado em pratos refogados e saladas orientais.

Bouquet garni – Ramalhete de ervas amarradas, geralmente envolvidas em gaze, colocado em sopas ou molhos enquanto cozinham. Pode incluir uma folha de louro, tomilho, grãos de pimenta, salsa e as ervas que você desejar.

Bragg Liquid Aminos – Aminoácido líquido não-fermentado que atua como um substituto do molho de soja ou tamari. Contém cerca de 25 por cento a menos de sódio do que os molhos de soja de baixo sódio. Na falta deste produto, sugere-se usar o molho de soja.

Burgol – Trigo pré-cozido, descascado, seco e triturado. Esse grão com sabor de nozes e textura irregular é muito usado no preparo de tabules, pilafs e kasha varnishkes. Para cozinhar, simplesmente despeje água fervente sobre o burgol, cubra e deixe descansar por cerca de 15 minutos ou até ficar macio. Na falta deste produto, sugere-se substituir pelo trigo picado (conhecido como trigo para quibe).

Cuscuz – Alimento marroquino feito de sêmola, uma farinha de trigo durum refinada. Tipos mais nutritivos de cuscuz, com teor mais alto de fibra (como de sêmola de trigo durum ou de sêmola de trigo integral), podem ser encontrados em lojas de produtos naturais. Tipicamente o cuscuz é cozido no vapor na parte de cima de um cuscuzeiro com vegetais ou carnes na de baixo.

Daikon – Nabo branco maior e mais longo do que a cenoura e a chirivia. É amplamente usado cru ou cozido na cozinha japonesa.

Dulce – Alga marinha vermelho-arroxeada que cozinha rapidamente. Pode ser usada como substituta do wakame em qualquer receita, mas é muito mais frágil quando manuseada. É um dos alimentos naturais mais ricos em ferro. Também é muito rica em potássio, auxilia nas funções renais e contém magnésio para a produção de RNA e DNA.

Espelta – Grão antigo recentemente introduzido nos Estados Unidos. Ancestral do trigo híbrido moderno, a maior parte da espelta é cultivada em Ohio e quantidades menores são cultivadas em Michigan e Indiana. Como contém glúten, a farinha de espelta pode substituir totalmente o trigo integral na produção de pães. A espelta é cerca de 30 por cento mais rica em proteína do que o trigo e pode ser encontrada em lojas de produtos naturais na forma de farinha e vários tipos de massas.

Fermento nutricional – Ótimo suplemento alimentar composto de microrganismos inativos que podem ser consumidos crus com segurança. Tem um sabor parecido com o do queijo.

O fermento nutricional é diferente do lêvedo de cerveja, que tem um sabor muito amargo e ativo, ou do fermento de pão, que causaria desconforto se consumido cru. Pode acrescentar sabor e nutrientes quando guarnecendo saladas ou como um ingrediente de molhos e sopas.

Frutose – Forma de açúcar encontrada em muitas plantas (especialmente nas frutas) e no mel. É mais doce do que a sacarose presente no açúcar refinado e contém metade de suas calorias. Não é necessariamente mais saudável ou natural do que outras formas de açúcar, especialmente quando cristalizada.

Glúten – Substância protéica encontrada em certas farinhas, especialmente no trigo duro. Umedecido, torna-se firme e elástico. Aumenta a elasticidade da massa de pão e retém as bolhas de ar produzidas pelo fermento. A farinha de glúten ou glúten de trigo vital é puro glúten, proteína sem carboidratos.

Hijiki – Alga marinha escura e de sabor forte. Deve ser bem lavada para remover toda a areia. É deliciosa quando cozida com cebolas e tofu, ou usada para complementar verduras, sopas ou saladas.

Jacatupé – Tubérculo enrugado ligeiramente doce. Tem casca flocosa castanho-amarelada e polpa branca. Pode ser consumida crua, em tiras, cortada em palitos ou cozida como acompanhamento.

Kamut – Grão antigo considerado um ancestral do trigo híbrido moderno. Como a espelta, foi introduzido há tão pouco tempo nos Estados Unidos que ainda não foi incluído na análise do Departamento de Agricultura dos Estados Unidos. Contudo, estudos recentes mostram que contém 20 a 40 por cento mais proteína do que as variedades comuns de trigo. Cozidos, seus grãos crocantes são maravilhosos servidos como um pilaf ou polvilhados em uma salada mista.

Kasha – Originário da Rússia, este termo se refere às sementes torradas e descascadas de trigo-sarraceno. É flocoso quando cozido e de sabor mais forte do que a farinha de trigo-sarraceno.

Kelp – Alga marinha rica em iodo natural. Disponível em forma de pó, pode ser usada como substituto do sal. Em sua forma seca, é usada em sopas, ensopados e pratos de legumes, e também assada ou frita até ficar crocante, como uma refeição leve.

Kombu – Kelp seca. Pode ser encontrado em tiras ou flocos. Acrescente-o a caldos para dar sabor, ou a sopas de feijão para melhorar o sabor e a digestão. Quando estiver cozido e inchado, tire o kombu da sopa, deixe esfriar, corte em tiras e recoloque-o na sopa.

Kuzu – É um amido concentrado da planta kudzu. Pode ser encontrado em pó ou cristais e é usado como espessante, assim como a araruta e a maisena. No Japão, é usado para fins medicinais. Na cozinha macrobiótica, é considerado um amido yang. Na falta deste produto, sugere-se substituir pela maisena (amido milho).

Leite de arroz – Importante substituto de laticínios feito de arroz integral. Um pouco mais doce do que o leite desnatado, é apresentado em vários sabores. Também está disponível fortificado com o cálcio e a vitamina D encontrados nos laticínios.

Leite de soja – Substituto do leite livre de colesterol. Contém praticamente a mesma quantidade de proteína, um terço de gordura, menos cálcio e 15 vezes mais ferro do que o leite de vaca, com muito menos agentes contaminadores. É apresentado em vários sabores deliciosos como os de malte, baunilha, alfarroba, chocolate e até mesmo cappuccino.

Mesclun – Salada de uma mescla de folhas verdes novas que freqüentemente incluem almeirão, mâche, escarola crespa, dente-de-leão e radicchio.

Missô – Um dos condimentos mais antigos de que se tem notícia. É uma pasta fermentada feita de feijão de soja e/ou grãos e sal. Contém 10 a 12 por cento de proteína. Por ser um alimento fermentado, ajuda muito a digestão. Pode ser usado para dar sabor a sopas, recheios, molhos, legumes e alimentos à base de soja, e é encontrado em uma grande variedade de sabores e cores. Nunca ferva o missô, porque a temperatura muito alta destrói suas enzimas benéficas. Quando o missô for acrescentado a uma sopa quente, tente consumi-lo dentro de cinco a dez minutos para obter o máximo de benefícios digestivos.

Nori – Alga marinha de alta proteína que às vezes é seca. Nos Estados Unidos, é usada principalmente para enrolar sushi. Nos países asiáticos, é usada como condimento ou prato principal. Evite comprar folhas de nori com um tom uniforme de verde. Escolha aquelas que têm vários matizes.

Orzo – Massa com formato de arroz popular na Itália e na Grécia.

Polenta – Pudim de fubá que pode ser consumido na forma de mingau ou frio, fatiado e frito, grelhado ou assado. É uma especialidade de Veneza e do Norte da Itália, onde é especialmente apreciada.

Proteína de soja texturizada – Substituto da carne feito de farinha de soja de baixa gordura cozida em alta pressão e moldada para parecer carne moída ou pedaços de carne. Tem alto teor de proteína, inclusive isoflavonas, benéficas para a saúde. É um produto seco econômico que pode facilmente substituir a textura da carne moída ou do peru em molhos, sopas e ensopados.

Quinoa – Grão antigo das Américas que remonta aos astecas. Chega perto de atingir um equilíbrio perfeito de aminoácidos essenciais, elementos básicos das proteínas. Tem um teor muito mais alto de proteína do que o arroz, o milho ou a cevada e, ao contrário da maioria dos cereais, é rica em lisina. Além disso, contém metionina e cistina, dois aminoácidos não muito presentes na maioria dos feijões de soja. A quinoa tem sido considerada "a melhor fonte de proteína do reino vegetal" e é rica em vitaminas, minerais e fibras.

Seitan – Substituto da carne, também conhecido como "carne de glúten". É feito retirando-se com água – ou separando-se – a proteína do amido e da fibra do trigo, por isso é livre de gordura. Essa proteína do glúten de trigo pode ser cozida em um caldo à base de soja, produzindo uma textura similar à da carne. O seitan pode ser fatiado e temperado como aperitivo ou cortado em pedaços maiores para ensopados.

Shoyu – Molho naturalmente fermentado feito de soja, sal e trigo. Tem um sabor rico e complexo, um pouco mais doce do que o do tamari. É mais caro do que o molho de soja comercial devido ao envelhecimento exigido para processá-lo e à qualidade superior de seus ingredientes. O shoyu é mais usado em alimentos frios.

Soba – Macarrão de trigo-sarraceno predominante na cozinha asiática e disponível em lojas de produtos orientais e naturais.

Substituto de ovo – Pó usado para substituir ovos em assados e até mesmo crepes. Feito principalmente de fécula de batata e farinha de tapioca, não é um produto de origem animal.

Tabule – Especialidade libanesa que combina trigo triturado cozido no vapor com cebolas, hortelã, salsa e tomates picados, suco de limão e azeite de oliva.

Tahini – Também conhecido como manteiga de gergelim, é feito de sementes de gergelim moídas. Muito popular na cozinha do Oriente médio, pode ser encontrado em lojas de produtos típicos e de produtos naturais. Tem um sabor forte que restringe seu uso. É uma boa fonte de proteína, pobre em gordura saturada e não-hidrogenado. Às vezes, o óleo se separa das sementes moídas. Não o descarte. Simplesmente volte a misturá-lo às sementes, preservante natural de sua umidade.

Tamari – Líquido que aflora quando é preparado o missô. É naturalmente fermentado em tonéis durante três meses e, em algumas variedades, até um ano. Suporta muito mais calor do que o shoyu, outro derivado de soja.

Teff – Grão etíope considerado o menor do mundo. Rico em proteína, ferro e minerais, contém quase 20 por cento a mais de cálcio do que o trigo ou a cevada. Pode ser encontrado na forma de farinha, cereal, no pão etíope (injera) ou em misturas instantâneas de seitan.

Tempeh – Feito de soja ou vários outros grãos que variam do arroz integral à quinoa, é acrescido de uma bactéria que lhe dá uma consistência firme. Contém tanta proteína por porção quanto a carne bovina ou de frango e 50 por cento mais do que o hambúrguer. Por ser um produto fermentado, é de fácil digestão. Uma porção de 120g contém apenas 160 calorias.

Tofu – É o coalho branco feito de leite de soja coagulado. Provavelmente o alimento de soja mais popular hoje em dia, é rico em proteína, facilmente digerível e considerado muito benéfico para a saúde. Para mais informações, consulte as pp. 149-150.

Tomatillo – Tomate verde mexicano pequeno e picante. Não é um tomate vermelho que não amadureceu. Os tomatillos são excelentes crus, grelhados ou assados, e depois acrescentados a salsas mexicanas ou saladas.

Umeboshi – Ameixas ácidas e imaturas fermentadas e salgadas com uma erva conhecida como shissô. Os japoneses usam o umeboshi como um condimento, e outros povos o usam com fins medicinais. O vinagre de umeboshi tem sabor de fruta, cheiro de cereja e cor arroxeada. Como contém sal, tecnicamente não é vinagre, mas é excelente em molhos de salada como substituto de outros vinagres e do sal.

Vinagre balsâmico – Vinagre italiano feito de uvas fermentadas. Menos ácido do que o vinagre tradicional, tende a ser quase doce. Quanto mais envelhecido (às vezes por oitenta anos), mais rico e doce é seu sabor.

Vinagre de arroz – Esse vinagre de sabor delicado tem cerca de metade da acidez do vinagre de maçã. Feito de arroz integral, irrita menos o estômago do que outros vinagres. Também pode ser feito de arroz branco e conter aditivos.

Wakame – A alga marinha mais popular no Japão, pode ser encontrada seca ou embalada fresca com sal. Para reidratar o wakame seco, ponha-o em água morna; quando amolecer, retire-o com cuidado e o coloque em uma tábua de cortar. Remova o talo externo e corte ou pique as folhas para saladas, sopa de missô ou temperar vegetais e arroz. O wakame tem mais minerais e valor nutricional do que a maioria dos vegetais cultivados na terra.

Glossário 299

Wasabi – Planta freqüentemente chamada de raiz-forte japonesa cuja raiz é usada como tempero de sushi. Verde-clara e de sabor muito picante, é encontrada fresca, em pó ou em pasta. Seu forte ardor provoca lágrimas quando usada em excesso.

Xarope de arroz integral – Adoçante natural leve e delicado feito de arroz integral e água. Usado para adoçar molhos, contém cerca de 75 por cento menos açúcar natural do que o mel ou o xarope de bordo. Mais de 50 por cento do xarope de arroz integral é composto de açúcares complexos, o que significa que o corpo tem de quebrá-lo em um açúcar simples antes que entre na corrente sangüínea. Isso ajuda a reduzir os altos e baixos de açúcar comuns com os produtos de açúcar refinado. Na falta deste produto, sugere-se usar o malte de cereais.

Xarope de malte de cevada – Adoçante natural feito de cevada germinada com sabor e cor de caramelo. Contém 75 por cento menos açúcares naturais do que o melaço, mel ou xarope de bordo.

Índice Remissivo

A

Aipim Frito, 248

Almôndegas de Tofu, 164

Antepastos, 23

Arroz Basmati com Salada de Abóbora Pescoçuda, 37

Arroz do Sudoeste, 175

Arroz Florentino, 173

Arroz Frito Chinês, 186

B

Bananas-da-Terra Glaceadas com Laranja e Gengibre, 242

Batatas ao Forno com Molho Cremoso, 228

Batatas Assadas, 216

Batatas Assadas Duplamente Recheadas, 226

Batatas Champs Elysées, 219

Batatas Duquesa, 221

Batatas *Lyonnaise*, 223

Batatas Novas com Ervas Douradas no Forno, 224

Berinjela ao Parmesão, 154

Berinjela Grelhada com Pimentões Assados, 239

Bifes de Seitan ao Marsala, 185

Bifes de Tofu Grelhados, 161

Biscoitos de Abóbora e Oxicocos, 276

Biscoitos de Alfarroba, 273

Biscoitos de Aveia e Passas, 274

Biscoitos de Banana com Três Sementes, 278

Biscoitos de Manteiga de Amendoim, 275

Bolinhas de Rum sem Álcool, 252

Bolo de Baunilha, 272

Brócolis com Alho e Coco ao Molho Tamari, 237

Burritos de Legumes Grelhados, 192

C

Cabelo-de-Anjo com Cogumelos Selvagens e Tomates Secos ao Pesto, 133

Caçarola de Couve e Cogumelos, 196

Caldo Cogumelos Selvagens, 88

Caldo de Legumes, 113

Cascas de Batatas Assadas com Baixo
  Teor de Gordura, 218

Caviar de Berinjela, 27

Cenouras ao Limão, 247

Chantili de Tofu, 270

Cheesecake de Limão, 263

Chili Con Queso, 75

Chili de Legumes, 211

Chili sem Carne, 198

Churrasco de Seitan, 123

Chutney de Oxicocos, 76

Conserva de Milho e Feijão-Preto, 24

Couve-Flor e Brotos de Ervilha
  Cremosos, 238

Crocante de Maçã e Queijo, 253

Croutons de Pão Árabe, 118

D

Dieta Líquida, 279

Dip de Guacamole, 30

E

Enchilada, 190

Enchiladas de Três Feijões, 158

Enrolado Vegetariano, 127

Estrogonofe de Bifes de Seitan, 183

F

Falafel, 188

Falso Fígado de Galinha Picado, 31

Falso Molho Bearnaise, 81

Feijão-Vermelho e Arroz, 176

Feijões Refritos, 202

Fettuccine Carbonara, 138

Focaccia, 116

G

Gaspacho, 99

Glaceado de Teriyaki, 86

Gumbo à Moda da Ilha, 100

H

Hambúrguer de Cogumelo
  Portobello, 121

Hambúrguer Vegetariano, 125

Homus de Feijão-Preto, 25

Homus de Grão-de-Bico, 26

Hortaliças, 233

L

Lasanha de Espinafre com Legumes
  Grelhados, 145

Lasanha de Tofu e Legumes, 147

Legumes Grelhados, 240

M

Macarrão ao Estilo Pad Thai com Molho de Amendoim, 140

Massas, 131

Minestrone, 105

Molho Alfredo, 74

Molho Barbecue, 77

Molho Cítrico de Sementes de Papoula, 57

Molho Cremoso de Alho, 60

Molho de Abacaxi e Mostarda, 66

Molho de Cogumelos Selvagens, 166

Molho de Enchilada, 160

Molho de Framboesa e Tahini, 68

Molho de Frutas para Sobremesas, 265

Molho de Iogurte e Laranja, 63

Molho de Manga, 78

Molho de Manteiga de Amendoim, 65

Molho de Mostarda Doce e Picante, 67

Molho de Mostarda e Maçã, 56

Molho de Mostarda e Tahini, 62

Molho de Tahini Tradicional, 71

Molho Francês Cremoso, 59

Molho Italiano sem Gordura, 61

Molho Marinara, 79

Molho Pesto, 82

Molho Sabayon de Tofu, 269

Molho Saboroso, 83

Molho Thai Picante de Amendoim, 141

Molhos, 73

Molhos para Salada, 55

Moranga Salteada, 246

Musse de Cappuccino, 262

Musse de Tofu e Chocolate, 271

N

Nabo-Brócolis (Rapini), 236

Napoleon de Berinjela, 28

O

Orzo à Siciliana, 143

P

Paella de Legumes Grelhados, 194

Pães e Sanduíches, 115

Palitos de Aipim Fritos, 249

Palitos de Batata-Doce Assados no Forno, 225

Pão de Tofu Substituto do Peru do Dia de Ação de Graças, 165

Pão Saboroso de Lentilha, 205

Pasta E Fagioli (Sopa de Massa e Feijão), 135

Pastelão, 199

Penne com Hortaliças Grelhadas ao Pesto, 142

Pêras Escaldadas em Vinho, 260

Picadillo de Soja, 206

Pimentões Assados, 243

Pimentões Recheados com Carne Vegetal e Arroz Integral, 209

Pizza de Pão Árabe e Legumes, 213

Pratos de Batata, 215

Pratos Principais, 129

Q

Quesadillas de Milho e Feijão-Preto, 182

Quiche de Brócolis e Cheddar, 151

R

Ratatouille, 200

Refogado de Aspargos e Bok Choi, 234

Repolho Recheado (Golomki), 207

Ricota de Tofu, 87

Risoto de Cogumelos Selvagens, 203

Rollatini de Berinjela ao Molho Marinara, 156

S

Salada Caesar, 40

Salada de Abacate e Tomate ao Molho de Limão, 36

Salada de Arroz Selvagem com Molho de Framboesa, 53

Salada de Aspargo e Shitake, 35

Salada de Batatas Novas Cremosas, 41

Salada de Cabelo-de-Anjo ao Pomodoro, 34

Salada de Farfalle com Tomates Secos, 39

Salada de Feijão-Branco ao Pesto, 52

Salada de Legumes Grelhados, 45

Salada de Lentilha ao Curry, 42

Salada de Pepino e Endro sem Gordura, 43

Salada de Repolho e Wakame, 49

Salada de Soba com Hortaliças à Moda Oriental, 50

Salada Grega de Macarrão, 47

Salada Marinada de Palmito e Corações de Alcachofra, 48

Salada Waldorf de Granny Annie, 44

Saladas, 33

Salsa Mexicana, 80

Sanduíche de Bife de Seitan e Queijo, 120

Sanduíches Deli Vegetarianos em Minutos, 122

Sloppy Joes Rápido, 124

Sloppy Joes Vegetariano, 119

Sobremesas, 251

Sopa-Creme de Banana-da-Terra, 95

Sopa-Creme de Brócolis, 93

Sopa-Creme de Cenoura, 94

Sopa Bávara de Lentilha, 90

Sopa de Abóbora-Menina, 114

Sopa de Cebola Francesa, 98

Sopa de Cogumelos e Cevada, 110

Sopa de Ervilha Seca, 111

Sopa de Feijão-Fava, 101

Sopa de Feijão-Preto, 91

Sopa de Feijão-Preto e Branco, 102
Sopa de Missô, 107
Sopa de Tortilla Mexicana, 103
Sopa Fabulosa de Cinco Feijões, 96
Sopa Primavera de Legumes, 112
Sopas, 89
Spanakopitas, 244
Strudel de Manga e Frutas Silvestres, 258
Suco para o Almoço, 285
Suco para o Café-da-Manhã, 283
Suco para o Jantar, 287
Suco para o Meio da Manhã, 284
Suco para o Meio da Tarde, 286
Suflê de Batata-Doce, 232
Sushi de Legumes, 178

T
Tabule, 51
Tapenade de Tomates Secos, 85
Tempeh Crocante, 187
Terrine de Tofu com Tomates Secos ao Pesto, 169

Típicos e Variados, 181
Tofu Benedict sem Ovos, 153
Tofu Mexido, 162
Tomates com Mozarela de Soja ao Pesto, 32
Tomates Ensopados, 84
Torta Cremosa de Banana, 256
Torta de Abóbora, 268
Torta de Berinjela e Tofu, 167
Torta Deliciosa de Limão, 266
Torta do Pastor, 230
Tortinhas de Massa Filo de Pêra e Maçã, 254

V
Vichyssoise de Pimentão Vermelho Assado, 108
Vinagrete Balsâmico, 58
Vinagrete de Estragão, 70
Vinagrete de Framboesa, 69
Vinagrete Oriental, 64

Z
Ziti Assado ao Molho Marinara sem Carne, 136

Sobre o Autor

Com 15 anos, John Nowakowski começou a cozinhar em restaurantes e clubes em Baltimore, Maryland. Os vários métodos de cozimento e as apresentações de alimentos o fascinavam à medida que ele enfrentava o desafio de criar pratos agradáveis não só à visão como também ao paladar. Os resultados foram produções bastante criativas de texturas e cores contrastantes. Não admira que, aos 24 anos, ele tivesse se tornado o chef executivo mais jovem da Marriott Corporation. De 1978 a 1989, John viajou pelo país resolvendo problemas e participando de grandes inaugurações de premiados hotéis da rede Marriott. Em 1986, teve a sorte de treinar com Roger Verges em seu famoso restaurante, Moulin de Mougins, no Sul da França.

Em 1989, John se uniu à Trusthouse Forte Corporation no Pi's Place Restaurant, em Miami. Lá foi criado um "Cardápio Saudável para o Coração", com itens instigantes de baixo teor de gordura, sódio e colesterol, utilizando os produtos locais mais frescos disponíveis. O Pi's Place ganhou o prêmio de "Melhor Restaurante" do centro de Miami durante anos consecutivos.

Atualmente, John é chef executivo do Regency House Natural Health Spa em Hallandale, Flórida, onde constantemente inventa e prepara novos pratos vegan que deleitam as papilas gustativas dos devotados visitantes do spa, interessados em melhorar ou manter sua saúde. Além disso, John faz demonstrações de alimentos vegetarianos no Whole Foods Market em Aventura, Flórida.

John Nowakowski também foi apresentado em:

Dining in Miami, de Barbara Seldin

Secrets of Great Miami Chefs, Surfside Publishing

Florida Chefs' Showcase, com Julia Child

Vanidades Magazine e *Miami Herald*

Você pode adquirir os títulos da Editora Nova Era
por Reembolso Postal e se cadastrar para
receber nossos informativos de lançamentos
e promoções. Entre em contato conosco:

mdireto@record.com.br

Tel.: (21) 2585-2002
Fax.: (21) 2585-2085
De segunda a sexta-feira,
das 8h30 às 18h.

Caixa Postal 23.052
Rio de Janeiro, RJ
CEP 20922-970

Válido somente no Brasil.

Visite a nossa home page

www.editorabestseller.com.br

Este livro foi composto na tipologia Lucida Sans,
em corpo 9/16, impresso em papel off-set 90g/m²,
no Sistema Cameron da Divisão Gráfica da Distribuidora Record.